Wales on Air

Cymru ar yr Awyr

WALES ON AIR

CYMRU AR YR AWYR

Words and Design / Geiriau a Dylunio
LIZ DAVIES

Picture Research / Ymchwil Lluniau
MILES ORCHARD

First Impression – 2003
Argraffiad cyntaf – 2003

ISBN 1 84323 309 6 (Hardback/*clawr caled*)

ISBN 1 84323 310 X (Softback/*clawr meddal*)

© BBC Cymru Wales

Printed in Wales by
Gomer Press, Llandysul, Ceredigion

*Argraffwyd yng Nghymru gan
Wasg Gomer, Llandysul, Ceredigion*

Foreword

The birth of BBC Wales was one of the most significant events in Welsh history. I assert this because we Welsh have been blessed with very few national institutions, and BBC Wales is one of our most significant – and treasured – assets. It has been at the heart of Welsh life for 80 years, and this is surely something worth celebrating!

BBC Wales ranks with the University of Wales, the National Eisteddfod and, more recently, the National Assembly as the most visible signs of our nationhood. Its contribution to Welsh life, and to promoting Wales on television and radio throughout the United Kingdom and beyond, has been immeasurable.

For most of the past century, the BBC has witnessed all national events of note. Generations of staff in its various centres across Wales have served the audience with great energy and professionalism. This book celebrates their achievements. It also underlines why Welsh licence payers lead the rest of the UK in their enthusiasm for the BBC and its services.

The challenge for BBC Wales is to repeat the huge success of the past 80 years in the coming 80. A glance at this book will give us all cause for hope.

Huw Edwards

Rhagair

Geni BBC Cymru oedd un o'r digwyddiadau mwyaf arwyddocaol yn hanes Cymru. Rwy'n haeru hyn gan nad ydym ni'r Cymry wedi ein bendithio â llawer o sefydliadau cenedlaethol ac felly mae BBC Cymru yn un o'n asedion mwyaf trawiadol a gwerthfawr. Yn wir, y mae'n un o'n trysorau. Y mae wedi bod wrth wraidd y bywyd Cymreig am 80 mlynedd ac y mae'n rhaid fod hynny'n rhywbeth sy'n werth ei ddathlu!

Y mae BBC Cymru'n sefyll ochr yn ochr â Phrifysgol Cymru, yr Eisteddfod Genedlaethol ac yn fwy diweddar y Cynulliad Cenedlaethol fel un o'r symbolau mwyaf gweladwy o'n cenedligrwydd. Y mae'r cyfraniad a wnaeth i fywyd Cymru ac i'r gwaith o hyrwyddo Cymru ar deledu a radio drwy'r Deyrnas Gyfunol i gyd y tu hwnt i fesur.

Am y rhan orau o'r ganrif ddiwethaf fe fu'r BBC yn dyst i bob digwyddiad cenedlaethol o bwys. Y mae cenedlaethau o staff yn ei hamrywiol ganolfannau ar draws Cymru wedi gwasanaethu'r gynulleidfa yn egnïol ac yn broffesiynol iawn, a llyfr i ddathlu eu cyfraniad hwy yw hwn. Y mae'n tanlinellu, hefyd, pam fod talwyr trwydded Cymru ar y blaen i weddill y deyrnas Gyfunol yn eu brwdfrydedd dros y BBC a'i gwasanaeth.

Yr her i BBC Cymru yw ailadrodd llwyddiant mawr y 80 mlynedd a aeth heibio yn y 80 mlynedd sydd i ddod. Fe fydd bwrw golwg dros y llyfr hwn yn achos i ni i gyd fod yn obeithiol.

Huw Edwards.

Introduction

As we celebrate 80 years of broadcasting by the BBC in Wales, it is hard to imagine its very modest start, broadcasting from two rooms above a music shop in Cardiff. During that period BBC Wales has developed into a very significant player in so many aspects of Welsh life.

We now have two national radio services, Radio Cymru and Radio Wales; English-language television services on BBC One Wales, BBC Two Wales and BBC 2W. BBC Wales's programmes on S4C are amongst the most popular on the channel.

We produce an increasing number of programmes for the BBC networks and our on-line services are the most popular in Wales. The BBC National Orchestra of Wales is Wales's only symphony orchestra.

Perhaps the most striking thing about BBC Wales, demonstrated in this book, is the role it has had to play over the past 80 years in reflecting and interpreting Wales to itself. Where once the study of Welsh history seemed to be little more than the examination of a small series of widely-spaced monuments – Owain Glyndŵr, the Acts of Union, the Rebecca Riots, for example – it instead became an important way of saying something about the condition of Wales in the present day. Historians blossomed; talented producers and broadcasters added to the process of a new understanding of the life of the country and of the people who inhabit it.

But as well as trying to make sense of what has gone on, those of us in broadcasting have had another crucial role: that has been in recording those events as they happened. From the early days of the cumbersome and often inflexible techniques of disc and film to the versatility of today's digital technology, for eighty years BBC Wales has been telling the national story in all its diversity. Sometimes literally telling the story, through thousands upon thousands of hours of news programmes. At other times reflecting the character and preoccupations of Wales through drama, music, documentary and all the other forms creative broadcasting takes.

Looking at the past through what is revealed by the broadcasting archive has one particular advantage over the traditional historical sources. Whatever the technical imperfections of what remains, when you look and listen on the BBC website www.bbc.co.uk/walesonair you can still get some clear sense of what people must have felt at the time: the terrible anguish of the Aberfan disaster, for example; the magnetism of great statesmen like Lloyd George and Aneurin Bevan; the comic brilliance of Ryan Davies.

This book illustrates some of the richness of what remains and it reminds us of our role as both creators and guardians of a significant national resource. The broadcasting archive forms only one part of the record of modern Wales, but nowhere does the past come alive more vividly. All the more reason to treasure it now for the enlightenment, and sometimes entertainment, of future generations.

Menna Richards

Cyflwyniad

Wrth i ni ddathlu wyth deg mlynedd o ddarlledu gan y BBC yng Nghymru, mae'n anodd dychmygu ei eni di-stŵr yn darlledu o ddwy ystafell uwchben siop gerddoriaeth yng Nghaerdydd. Dros y blynyddoedd, gwnaeth BBC Cymru gyfraniad arwyddocaol iawn i sawl agwedd ar fywyd Cymru.

Mae gennym ddau wasanaeth radio cenedlaethol, Radio Cymru a Radio Wales; gwasanaethau teledu Saesneg ar BBC One Wales, BBC Two Wales a BBC 2W; ac mae cynyrchiadau BBC Cymru ar S4C ymhlith rhaglenni mwyaf poblogaidd y sianel.

Rydym yn cynhyrchu nifer cynyddol o raglenni ar gyfer rhwydweithiau'r BBC, a gwasanaethau ar-lein y BBC yw'r mwyaf poblogaidd yng Nghymru. Yn ogystal, Cerddorfa Genedlaethol Gymreig y BBC yw'r unig gerddorfa symffoni yng Nghymru.

Yr hyn sy'n drawiadol ynglŷn â BBC Cymru, fel y gwelir yn y llyfr hwn, yw'r rôl amlwg a gymerodd yn ystod yr 80 mlynedd ddiwethaf wrth adlewyrchu a dehongli Cymru i'w phobl ei hun. Ar un adeg, nid oedd dysgu am hanes Cymru yn cynnwys llawer mwy nag astudio ambell garreg filltir bwysig yn hanes ein cenedl – Owain Glyndŵr, y Deddfau Uno, Terfysgoedd Beca, er enghraifft – yn lle hynny, daeth yn ffordd bwysig o ddweud rhywbeth ynglŷn â chyflwr Cymru yn y byd sydd ohoni. Bu'n gyfnod llewyrchus i haneswyr; ac ychwanegodd cynhyrchwyr a darlledwyr dawnus at y broses o ddeall yn well fywyd y wlad a'i thrigolion.

Yn ogystal â cheisio dehongli'r hyn sydd wedi digwydd, mae'r rheiny ohonom sydd yn y byd darlledu wedi cael rôl allweddol arall: sef cofnodi'r pethau hynny wrth iddyn nhw ddigwydd. O'r dyddiau cynnar hynny pan ddefnyddiwyd disg a ffilm hyd at y dechnoleg ddigidol ddiweddaraf, mae BBC Cymru wedi bod yn adrodd hanes y genedl ers wyth deg o flynyddoedd. Weithiau gellir gwneud hynny trwy adrodd y stori ar fwletin newyddion. Ar adegau eraill, mae modd adlewyrchu cymeriad a'r hyn sy'n agos at galon y Cymry trwy ddrama, cerddoriaeth, rhaglenni dogfen a'r holl ffurfiau eraill sy'n rhan o ddarlledu creadigol.

O droi'r cloc yn ôl, mae yna un fantais benodol wrth droi at ddeunydd yr archif ddarlledu yn hytrach na'r ffynonellau hanesyddol traddodiadol. Er gwaethaf y diffygion technegol ar y deunydd a gadwyd, wrth i chi edrych a gwrando ar wefan y BBC www.bbc.co.uk/cymruaryrawyr gallwch gael syniad go iawn o'r hyn yr oedd pobl yn ei deimlo ar y pryd: trallod trychineb Aberfan, er enghraifft; cyfaredd gwleidyddion arbennig fel Lloyd George ac Aneurin Bevan; a disgleirdeb y digrifwr Ryan Davies.

Mae'r llyfr hwn yn dangos peth o'r cyfoeth hwnnw ac yn ein hatgoffa o'n rôl fel crëwyr a cheidwaid adnodd cenedlaethol o bwys. Un rhan o'r darlun yn unig yw'r archif ddarlledu, ond yn sicr, dyma'r ffynhonnell fwyaf gweledol. Dyna pam ei bod hi'n bwysig trysori'r adnodd nawr, fel y gall cenedlaethau'r dyfodol droi ato a'i fwynhau.

Menna Richards

A Ministry of happiness

Pair difyrrwch

This is the story of broadcasting in Wales told through early and recent photographs, along with personal memories and stories of the extraordinary talents of broadcasters, engineers and performers whose dreams and vision made BBC Wales what it is today

Dyma hanes darlledu yng Nghymru trwy gyfrwng lluniau hen a newydd, atgofion personol a straeon am ddawn a gweledigaeth anhygoel darlledwyr, perfformwyr a thechnegwyr. Eu breuddwydion hwy a wnaeth BBC Cymru yr hyn ydyw heddiw

THE first broadcast from BBC Wales was made on February 13, 1923, from a tiny studio above Mr Kinshot's music shop in 19, Castle Street, Cardiff. The *Western Mail* reckoned it was going to usher in a new 'Ministry of Happiness'.

Not so happy were those inside because the new studio was just two roooms with the windows draped with blankets to muffle the sound of traffic outside. There was no ventilation and if there were a large number of visitors, like a male voice choir, then the room could become as hot as the inside of a bread oven.

Frederick Roberts, the station's first director, togged up in winged collar, bow tie and spats, announced, 'This is 5WA, the Cardiff Station of the British Broadcasting Company, calling'.

Although those first historic words were in English, the bilingual credentials of the fledgling service were firmly established when Mostyn Thomas approached the microphone in full evening dress to sing *Dafydd y Garreg Wen* only to discover, half way through his song, that the microphone, hanging from the ceiling, was beginning to turn in circles, meaning his voice could not be picked up properly.

But Mostyn, the consummate professional, simply carried on singing while shuffling around in circles like a rotating penguin, always directing his voice towards the moving mike.

Frederick Roberts also had his problems since, despite his bow tie and spats, he was dismissed 48 hours later after being found drunk in his office.

Mostyn Thomas sings the first Welsh words heard on British radio.

Mostyn Thomas yn canu'r geiriau Cymraeg cyntaf i'w clywed ar radio Prydeinig.

![The first station orchestra in Castle Street, Cardiff, at the inaugural broadcast.]

The first station orchestra in Castle Street, Cardiff, at the inaugural broadcast.

Cerddorfa gyntaf yr orsaf yn Stryd y Castell, Caerdydd, yn y darllediad agoriadol.

AR Chwefror 13, 1923, o stiwdio fechan uwchben siop gerddoriaeth Mr Kinshot yn 19 Heol y Castell, Caerdydd, darlledwyd rhaglen gyntaf BBC Cymru. Yn ôl y *Western Mail* byddai hyn yn gychwyn ar '*A Ministry of Happiness*'.

Stori go wahanol oedd hi y tu mewn, gan mai dwy ystafell fach oedd y stiwdios gyda blancedi'n gorchuddio'r ffenestri i atal sŵn y traffig. Nid oedd system awyru yno, a byddai'r stiwdio fel ffwrnais pan fyddai côr meibion yn galw heibio i berfformio.

Cyhoeddodd Frederick Roberts, cyfarwyddwr cyntaf yr orsaf, wedi'i wisgo mewn coler a thei a sbats, 'This is 5WA, the Cardiff Station of the British Broadcasting Company calling'. Yna, daeth Mostyn Thomas, yntau hefyd yn ei ddillad gorau, at y meicroffon i ganu *Dafydd y Garreg Wen*. Hanner ffordd drwy'r perfformiad, dechreuodd y meicroffon, a grogai o'r nenfwd, droi mewn cylch, a oedd yn golygu nad oedd modd ei glywed yn ddigon da. Ond fel gŵr proffesiynol, aeth y canu yn ei flaen wrth i Mostyn ei hun droi mewn cylchoedd er mwyn cyfeirio'i lais tuag at y meicroffon symudol.

Cafodd Frederick Roberts ei siâr o broblemau hefyd. Er gwaetha'r dici-bô a'r sbats, cafodd ei ddiswyddo ddeuddydd yn ddiweddarach, pan gafwyd hyd iddo'n feddw yn ei swyddfa.

EARLY broadcasting from Wales consisted of a mixture of children's programmes, talks and music – especially music, to the degree that many believed it to be the sole function of this new medium, interrupted only for news and weather reports.

The news would have been slight since there was still the belief that newsgathering was best left to newspapers. There certainly wasn't anything resembling a news room. But the station did have its own orchestra consisting of just five players, joined by soloists and other musicians when the need arose.

Children's programmes were also taken seriously from the outset and all stations had their 'aunts' and 'uncles'.

Thus *Children's Hour* became *The Hour of the Kiddiewinks* although that was soon ended when the new bosses wanted everything to become rather more formal.

But even in radical, working-class Wales, the tenor of the organisation was distinctly middle class. Lord Reith, the first director-general, saw the organisation as the champion of Christian, conservative values, which would temper the Communism and Socialism which were emerging in the coalfields of south Wales.

Few ordinary Welsh people would be listening to the new radio in the beginning since a valve set in 1923 cost the equivalent of several weeks' wages. Even so this new gadget soon began appearing on every Christmas wish list.

FROM LEFT, ABOVE: 'Uncle' Norman Settle, 5WA's executive officer, 'Auntie' Betty, Elizabeth Grimwood, and 'Uncle' Felix, E R Appleton, the station director.
RIGHT: today's children from Pillgwenlly Primary School, Newport, show they still have the same sense of wonder and awe, watching BBC Wales's Bobinogs.

CHWITH, UCHOD: 'Wncwl' Norman Settle, swyddog gweithredol 5WA, 'Anti' Betty, Elizabeth Grimwood, ac 'Wncwl' Felix, E R Appleton, cyfarwyddwr yr orsaf.
DDE: plant yr unfed ganrif ar hugain o Ysgol Gynradd Pillgwenlli, Casnewydd, yn dal i ryfeddu wrth wylio cyfres blant BBC Cymru, Bobinogi.

ROEDD y darllediadau cyntaf o Gymru yn gymysgedd o raglenni plant, darlithoedd a cherddoriaeth – ond cerddoriaeth yn bennaf – i'r graddau bod llawer yn credu mai unig swyddogaeth y cyfrwng newydd oedd chwarae cerddoriaeth gyda lle i ambell fwletin newyddion a thywydd yma a thraw.

Ychydig iawn o sylw a roddwyd i newyddion bryd hynny, gan fod rhai o'r farn mai gwaith y papurau newydd oedd peth felly. Ond, roedd gan yr orsaf ei cherddorfa ei hun a oedd yn cynnwys pum aelod yn unig gydag unawdwyr a cherddorion eraill yn ymuno yn ôl y galw.

O'r cychwyn cyntaf, rhoddwyd cryn bwyslais ar raglenni plant hefyd, ac roedd gan bob gorsaf ei 'hantis' a'i 'hwncwls', ac fe ddaeth *Children's Hour* yn *The Hour for the Kiddiewinks*, er i hynny ddod i ben yn gymharol gyflym gan fod y penaethiaid newydd yn awyddus i bopeth fod ychydig yn fwy ffurfiol.

Ond hyd yn oed yn y Gymru radicalaidd oedd ohoni, roedd y sefydliad yn un dosbarth canol i bob pwrpas. Gwelai'r Arglwydd Reith, y cyfarwyddwr cyffredinol cyntaf, y sefydliad fel llysgennad gwerthoedd Cristnogol a cheidwadol, a fyddai'n gwrthsefyll y Gomiwnyddiaeth a'r Sosialaeth a oedd yn dod i'r amlwg ym meysydd glo de Cymru ar y pryd.

Ychydig iawn o'r Cymry cyffredin fyddai'n gwrando ar y radio yn y dyddiau cynnar, gan y byddai pris set falf newydd yn 1923 gyfystyr â chyflog sawl wythnos. Ond, buan iawn y daeth mwy a mwy o bobl i ofyn amdanynt.

Fishing the ether . . . and surfing the net

WITHIN a few years, radio began extending its influence not only through the home but throughout the world. People sat fiddling with Bakelite knobs endlessly, working through various levels of hissing static as they picked up foreign stations with exotic names. Already the world was getting smaller and Wales larger.

The *BBC Yearbook* in 1928 reported: 'Sir John Hawkins brought the potato tuber back from Virginia to the UK in 1563, through the port of Cardiff. Sad to say, in spite of this interesting link, the Mayor in Virginia, until recently, knew nothing about this city until he got a wireless set and adventured on the ether, when he followed the potatoes and got Cardiff. Got it and liked it, searched a map of the world and found Cardiff.'

The first edition of *The Radio Times* was published on September 28, 1923, in which the director of programmes, Arthur R. Burrows, referred to radio as 'your favourite wave-train'. The sound travels at 186,000 miles a second, he wrote, for five hours non-stop. The family season ticket [the licence fee] first class, is ten shillings a year.

O FEWN rhai blynyddoedd, aeth y radio yn fwyfwy dylanwadol, nid yn unig yn y cartref ond ledled y byd. Byddai pobl yn eistedd ac yn chwarae'n ddi-baid gyda botymau'r radio, ac yn ymbalfalu drwy'r hisian poenus a'r gorsafoedd estron. Yn barod, roedd y byd yn mynd yn llai a Chymru'n mynd yn fwy.

Yn ôl Blwyddlyfr y BBC yn 1928: 'Daeth Syr John Hawkins â'r gloronen datws yn ôl o Virginia i'r DU yn 1563 trwy borthladd Caerdydd. Yn anffodus, er gwaethaf y cysylltiad diddorol hwn, ni wyddai Maer Virginia ddim byd am y ddinas tan yn ddiweddar, nes iddo gael radio a chlywed Caerdydd.'

Cyhoeddwyd rhifyn cyntaf *The Radio Times* ar Medi 28, 1923, a chyfeiriodd y cyfarwyddwr rhaglenni, Arthur R. Burrows, at y radio fel 'your favourite wave-train'. Mae'r sain yn teithio ar gyflymdra o 186,000 o filltiroedd yr eiliad am bum awr heb stopio, ysgrifennodd. 'Mae tocyn teulu dosbarth cyntaf [sef ffi'r drwydded] yn ddeg swllt y flwyddyn.'

Early microphones dominated the studio. ABOVE: clutching a microphone at Cardiff Station in the mid-20s and below, moving coil microphones (1933).

Roedd y meicroffonau cynnar yn anferth. UCHOD: Gwneud yn siŵr bod popeth yn iawn yn y stiwdio yng Nghaerdydd yn y 20au. ISOD: meicroffonau coil symudol (1933).

BBC Wales began as a purely aural experience for five hours a night. Today, it has various media, from the web to interactive services, busy interpreting Wales both to the Welsh and the world.

This new electronic hearth has developed on-line facilities which allow many new experiences; viewers can vote on the net for their choice of sporting heroes in the *Sports Personality of the Year* awards; *Scrum V* viewers can choose between rugby commentaries in Welsh and English; on-line viewers of the home-grown high-tech drama *First Degree* could watch extra scenes on-line.

Learn Welsh is a new website for Welsh learners, capitalising on the success of the *Catchphrase* learners' site. New message boards and live chats are also popular.

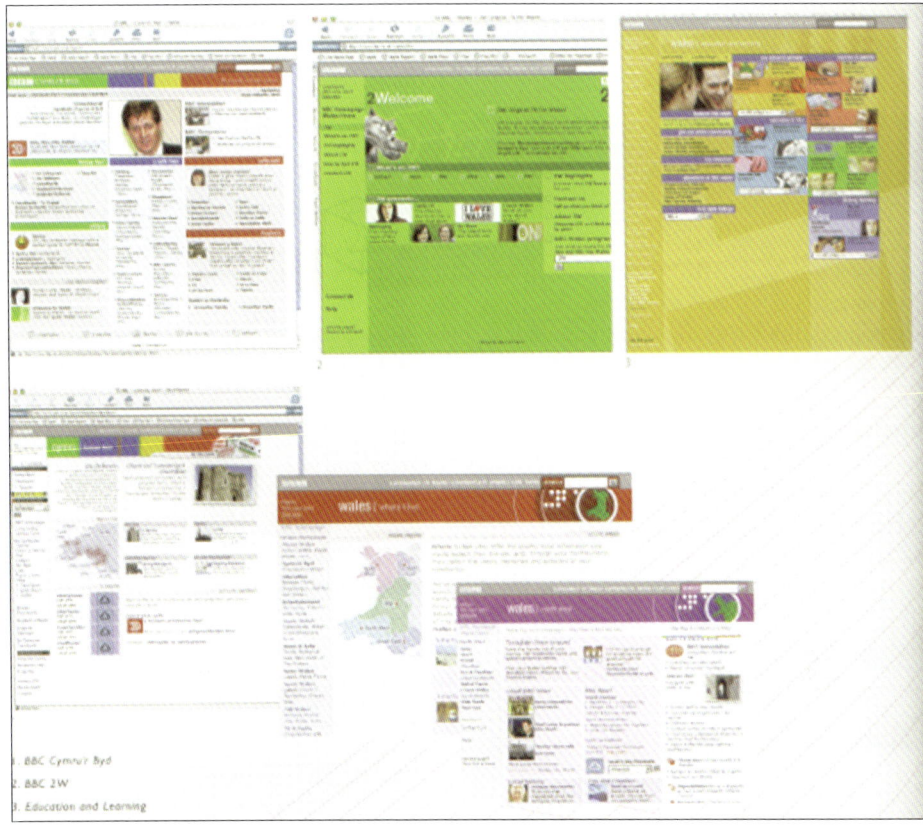

1. *BBC Cymru'r Byd*
2. *BBC 2W*
3. *Education and Learning*

BBC Cymru'r Byd, the leading Welsh-language website, attracts growing numbers of overseas visitors, prompting the introduction of the *Tramor* (Abroad) site which connects Welsh speakers around the world. *The Story of Welsh with Huw Edwards* was also accompanied by a website in both Welsh and English and the series has been made available to all schools in Wales. BBC Wales on-line services now get about seven million hits a year.

MAE BBC Cymru, a ddechreuodd fel gwasanaeth llafar am bum awr bob nos, bellach yn aml-gyfrwng – o'r we i wasanaethau rhyng-weithiol, yn dehongli Cymru i'r Cymry ac i'r byd.

Mae'r aelwyd electronig newydd wedi arwain at ddatblygu cyfleusterau ar-lein sy'n caniatáu gwylwyr i bleidleisio ar-lein yn ystod gwobrau *Personoliaeth Chwaraeon y Flwyddyn BBC Cymru* a gall gwylwyr *Scrum V* ddewis rhwng sylwebaeth rygbi yn Gymraeg neu'n Saesneg. Roedd gwylwyr ar-lein y ddrama *First Degree* yn gallu gwylio golygfeydd ychwanegol ar-lein.

Gwefan newydd i ddysgwyr yw *Learn Welsh*, gan fanteisio ar lwyddiant y safle *Catchphrase*. Mae neges-fyrddau a gwe-sgyrsiau byw newydd wedi profi'n boblogaidd hefyd.

Mae *BBC Cymru'r Byd* yn denu nifer cynyddol o ymwelwyr tramor, gan arwain at gyflwyno'r safle *Tramor* er mwyn cysylltu siaradwyr Cymraeg ledled y byd. Lluniwyd gwefan ddwyieithog i gyd-fynd â *The Story of Welsh with Huw Edwards* a bu'r gyfres ar gael i bob ysgol yng Nghymru. Mae tua saith miliwn o bobl yn troi at wasanaethau ar-lein BBC Cymru bob blwyddyn.

Enghreifftiau o dudalennau'r we, a sut i ddysgu Cymraeg trwy gyfrwng ffôn symudol. / Examples of web pages and how to learn Welsh by mobile phone.

'I have two families: one in the house . . . the other in the garage'

THE growth of radio in Wales was swift as more and more transmitters were erected, connecting communities across the country, developing the sense of a single identity.

The opening of Penmon transmitter in north Wales in 1937 meant that the people there could be connected with the south. Soon Bangor was having a greater say in the national programmes.

Bringing people together and involving them has been an abiding aim in BBC Wales as they take their cameras and microphones out in all weathers for the National Eisteddfod, the Urdd and the Royal Welsh Show.

This community work has developed in other ways in recent years with forays into towns and villages for special weeks. Ammanford, for example, was invaded by the whole of the BBC National Orchestra of Wales with quartets playing in front parlours and soloists standing on corners, serenading shoppers.

The latest innovation comes in the form of community buses which bring the BBC to people's doorsteps. This is no longer a service for the 'upper middle class' but something to connect the community not only to itself but to other communities.

Our oral history is also being developed with innovations like the *Where I Live* on-line sites, encouraging people to tell their own stories, and the Voices/Lleisiau projects when BBC Wales works intensively with a specific community.

Another way of developing the national and regional imagination is through *Digital Storytelling* in which individuals can use the new technology to create short films about themselves – like the man who comes in with a mannequin and starts relating this unlikely story about himself, his wife and this bald mannequin he keeps tucked away in the garage . . .

LEFT: Members of the BBC National Orchestra of Wales taking music to the people of Ammanford.

CHWITH: Aelodau o Gerddorfa Genedlaethol Gymreig y BBC yn mynd â cherddoriaeth i bobl Rhydaman.

BELOW: The Community bus reaches parts that other studios cannot reach, taking BBC Wales to the heart of rural communities.

ISOD: Y Bws Cymunedol yn teithio i rannau o Gymru sy'n bell o stiwdios sefydlog.

'Mae gen i ddau deulu: un yn y tŷ . . . a'r llall yn y garej'

DATBLYGODD y gwasanaethau radio yng Nghymru yn gyflym, wrth i un trosglwyddydd ar ôl y llall agor, gan gysylltu cymunedau a galluogi'r wlad i dyfu ac i feithrin ei hunaniaeth ei hun.

Roedd agor gorsaf drosglwyddo Penmon yn 1937 yng ngogledd Cymru yn golygu y gallai'r bobl yno gael eu cysylltu â'r de. Yn fuan, roedd gan Fangor fwy o lais yn y broses o gynhyrchu rhaglenni cenedlaethol.

Mae dod â phobl at ei gilydd a'u hannog i gymryd rhan wedi bod yn un o amcanion BBC Cymru o'r cychwyn cyntaf wrth i'r camerâu a'r meicroffonau gael eu llusgo ymhob tywydd i ddigwyddiadau fel yr Eisteddfod Genedlaethol, Eisteddfod yr Urdd a Sioe Amaethyddol Frenhinol Cymru.

Mae'r gwaith cymunedol hwn wedi datblygu mewn ffyrdd eraill yn ystod y blynyddoedd diwethaf, gan gynnal gweithgareddau yn ystod wythnosau arbennig mewn trefi a phentrefi. Er enghraifft, treuliodd aelodau o Gerddorfa Genedlaethol Gymreig y BBC wythnos breswyl yn Rhydaman, gyda phedwarawdau yn chwarae cerddoriaeth mewn cartrefi preswyl ac unawdwyr yn sefyll ar gornel strydoedd yn cyfarch siopwyr.

Mae yna fws cymunedol arbennig hefyd sy'n teithio o amgylch canolbarth Cymru. Nid gwasanaeth ar gyfer yr hen 'ddosbarth canol uwch' yw hwn ond menter i uno cymunedau a chysylltu'r rheiny gyda gweddill y wlad.

Mae'r pwyslais hwn ar hanes llafar hefyd yn cael ei ddatblygu trwy fentrau fel y safleoedd ar-lein *Lleol i Mi*, sy'n annog pobl i adrodd eu straeon eu hunain, a'r prosiect Lleisiau/Voices lle mae BBC Cymru'n cydweithio â chymuned benodol.

Ffordd arall o ddatblygu'r dychymyg cenedlaethol a rhanbarthol yw trwy'r prosiect *Straeon Digidol*, lle gall unigolion ddefnyddio'r dechnoleg newydd i greu ffilmiau byr amdanynt eu hunain.

A dyna i chi hanes y dyn sy'n cyrraedd y gweithdy gyda dymi a dechrau adrodd hanes y berthynas rhyngddo ef, ei wraig a'r ddymi foel sy'n byw yn y garej . . .

RIGHT: Dai Evans of Ammanford was one of the people who experimented with state-of-the-art technology to create his own intriguing digital story. See it at www.bbc.co.uk/capturewales. The five-minute film has also been shown on BBC Wales's digital service, BBC 2W.

DDE: Dai Evans o Rydaman yn gweithio ar ei stori ddigidol, sydd i'w gweld ar www.bbc.co.uk/cipolwgargymru. Mae'r stori hefyd wedi ymddangos ar wasanaeth digidol BBC Cymru, BBC 2W.

Wynford Vaughan-Thomas

ONE of the most unusual and colourful salmon to leap up the foaming rapids of BBC Wales was the writer and broadcaster Wynford Vaughan-Thomas. Broad of face and even broader of girth he had a subversive Welsh humour, always worked hard and talked even harder. A keen mountain climber, he was also fond of gin and tonic.

He joined the BBC in 1937 and began a long life of travel. People remember him as always carrying an open briefcase bulging with books or papers and usually patting his pockets looking for a lost ticket or wondering where he had left his raincoat.

He became a broadcaster just in time to contribute to the Coronation broadcast. 'Welsh commentators should use more feeling and phrasing than English ones,' he once said. 'After all there is no need to worry about good form in Wales.'

Often, in the middle of a commentary, he would pull out a bundle of notes, glance at them, stuff them back into his pocket and then continue to describe what was going on all around him brilliantly.

A lively raconteur who could also turn a smutty limerick in an instant, he will mostly be remembered as a wartime correspondent. Wales followed his adventures into collapsing Germany avidly, reaching their apogee when he broadcast from Lord Haw-Haw's studio in Hamburg, pratically choking with rage and mirth as he read through papers recalling Joyce's comments on him and other British broadcasters.

Wynford Vaughan-Thomas takes a look at his cold surroundings in Italy, 1944.

Wynford Vaughan-Thomas yn bwrw golwg dros fyd oer yn yr Eidal, 1944.

UN o'r cymeriadau mwyaf anghyffredin a lliwgar i wneud enw iddo'i hun yn BBC Cymru oedd yr awdur a'r darlledwr Wynford Vaughan-Thomas.

Yn llond ei groen, roedd gan Wynford hiwmor drygionus Cymreig, a byddai'n gweithio'n galed a siarad yn galetach fyth. Un o'i briodweddau enwocaf oedd na allai yn ei fyw edrych ar fynydd heb gael yr awydd i'w ddringo, ac roedd yn eithaf hoff o gin a thonic hefyd.

Ymunodd â'r BBC yn 1937 a dechrau ar fywyd o deithio. Byddai o hyd yn cario bag agored yn orlawn o lyfrau neu bapurau, a golygfa gyfarwydd arall fyddai ei weld yn chwilio am ei docyn coll neu ei got law.

Daeth yn ddarlledwr mewn da bryd i sylwebu yn Gymraeg ar y Coroni. 'Dylai sylwebwyr Cymraeg ddefnyddio mwy o deimlad a mwy o frawddegau na'r rhai Saesneg,' dywedodd. 'Wedi'r cyfan, does dim angen poeni o gwbl am weddustra ffurfiol yng Nghymru.'

Yn aml iawn yng nghanol ei sylwebaeth, byddai'n tynnu pentwr o nodiadau o'i fag, edrych arnynt, eu rhoi yn ôl yn ei boced a pharhau i ddisgrifio'r hyn oedd yn digwydd o'i gwmpas yn wych.

Yn storïwr bywiog, gallai lunio limrig coch yn syth, ond cofir amdano'n bennaf fel gohebydd adeg y rhyfel. Dilynodd bobl Cymru ei adroddiadau o'r Almaen gydag awch. Daeth y cyfan i benllanw pan ddarlledodd o stiwdio'r Arglwydd Haw-Haw yn Hamburg, gan dagu, bron, gyda dicter ac afiaith wrth iddo ddarllen trwy bapurau a oedd yn cynnwys sylwadau Joyce amdano ef a darlledwyr eraill o Brydain.

KENNETH GRIFFITH, the actor from Tenby, has provided some great and memorable moments on film, particularly as the dysfunctional librarian who looked like an undertaker who had just lost the coffin in the film *Only Two Can Play,* but it was through television and BBC Wales that this rebel and controversialist made his mark.

He has acted in more than a hundred films, most of which he prefers to forget. But early in his career, mainly encouraged by Huw Wheldon, he embarked on a unique career as a documentary film maker, showing his deep concern with human conflicts and the world, while also taking sides with underdogs as various as Michael Collins and Zola Budd.

He covered the lives of people like Thomas Paine, Robert Clive and Doctor Ambedkar of the Untouchables. His unique take on the documentary art was that not only would he narrate them but enact all the roles himself, using only the words actually spoken by the historical characters. Never one to see anything in shades of grey, everything was a passionate black and white with Griffith.

Indeed some of his films were banned and banned again, particularly his life of Michael Collins, and there can't be an artist anywhere in the world who has got right up the noses of so many. 'I have only ever told the truth, the whole truth and nothing but the truth,' he says with characteristic pugnacity at the age of 82.

'That's what they object to. All they do now is lie and spin and lie again.'

RHODDODD Kenneth Griffith, yr actor o Ddinbych-y-Pysgod, rai eiliadau gwych a chofiadwy i ni ar ffilm, yn enwedig fel y llyfrgellydd hynod hwnnw yn *Only Two Can Play*. Ond trwy deledu a BBC Cymru y gwnaeth y rebel ei farc.

Ymddangosodd Kenneth Griffith mewn mwy na chant o ffilmiau, er y byddai'n well ganddo anghofio'r mwyafrif ohonynt. Ond yna, diolch i anogaeth Huw Wheldon yn bennaf, dechreuodd ar yrfa unigryw fel gwneuthurwr ffilmiau dogfen, gan ddangos ei bryder gwirioneddol tuag at wrthdaro dynol a'r byd, ac ochri gyda'r rhai o dan ormes – pobl fel Michael Collins a Zola Budd.

Dilynodd hynt a helynt bywydau pobl fel Thomas Paine, Robert Clive a'r Doctor Ambedkar o blith Gwehilion India – ond yr hyn a'i gwnâi'n unigryw oedd y ffaith y byddai'n actio pob rôl ei hun yn ogystal â'r gwaith traethu, gan ddefnyddio'r union eiriau a ddefnyddid gan y cymeriadau hanesyddol yn unig.

Yn wir, cafodd rhai o'i ffilmiau eu gwahardd dro ar ôl tro, yn enwedig ei bortread o Michael Collins, a does dim llawer o artistiaid a lwyddodd i wylltio cynifer o bobl.

'Dw i ond wedi dweud y gwir, yr holl wir a dim byd ond y gwir,' dywedodd gyda'i arddeliad arferol. 'Dyma beth ma' pobl yn ei wrthwynebu. Y cyfan ma' nhw'n ei wneud nawr yw dweud un celwydd ar ôl y llall.'

By 1924, the increasing staff of the BBC in Cardiff had outgrown its tiny two-room studio in Castle Street and moved to much larger premises in Park Place. This picture was taken in 1938.

Erbyn 1924, roedd y stiwdios dwy-ystafell yn Stryd y Castell lawer yn rhy fach i'r nifer cynyddol o staff y BBC yng Nghaerdydd, a symudwyd i leoliad newydd yn Park Place. Tynnwyd y llun hwn yn 1938.

PEOPLE have always been fascinated by how a programme is prepared to go on air. In 1927, this bunch of enthusiasts (left) were shown around the technical side of transmitting a programme from 5WA. And at the National Eisteddfod in Meifod, 2003, the public was invited to watch all aspects of radio and television production, from the technical arrangements to the presentation of live programmes.

O'R cychwyn roedd gan bobl chwilfrydedd ynghylch sut roedd rhaglenni'n cael eu paratoi a'u darlledu. Yn 1927, dangoswyd i'r criw yma (chwith) elfennau technegol y broses o ddarlledu rhaglenni ar 5WA. Ac yn Eisteddfod Genedlaethol Meifod, 2003, gwahoddwyd y cyhoedd i wylio pob agwedd ar gynhyrchu radio a theledu, o'r trefniadau technegol i gyflwyno rhaglenni byw.

Broadcasting House, in Llandaff, on the outskirts of Cardiff, was officially opened in 1967 on the site of Baynton House which wasn't in fact demolished until much later. Today it is a huge complex including several television and radio studios. But some things remain the same: the two trees either side of the main entrance have been preserved, and the lamp post near the entrance steps is still there.

Agorwyd y Ganolfan Ddarlledu yn Llandaf, Caerdydd, yn swyddogol yn 1967 ar dir Baynton House a ddymchwelwyd yn ddiweddarach. Heddiw mae'n safle eang gan gynnwys amryw o stiwdios teledu a radio. Ond mae rhai pethau'n parhau: mae'r ddwy goeden a welir y tu ôl i'r fynedfa yn dal i fod yno ac mae hyd yn oed y polyn lamp ger y grisiau blaen yr un fath.

David Lloyd George

THE immense shadow of David Lloyd George, the Welsh Wizard, (pictured above in 1931), fell all over the country in the early twentieth century. This marvellous orator, wit, broadcaster, architect of social welfare and incomparable leader in the First World War, like most successful politicians today, was most comfortable with a microphone. Pictured above in 1931, he understood that the medium was the message long before Marshall McLuhan coined the phrase. With a melodious and deep Welsh lilt, his voice might have been made for the radio. The earliest BBC recording relating to Wales is Lloyd George's speech at the proclamation of the Caernarfon Eisteddfod in July 1934.

He lobbied Lord Reith to make religious broadcasts in Welsh and was the first to make use of radio for a party political broadcast from Bangor.

In 1977 he became the subject of one of the most ambitious drama series in BBC Wales's history – eight 50-minute programmes depicting his political career and private loves. With memorable and haunting music by Ennio Morricone, *The Life and Times of David Lloyd George*, written by Welsh scriptwriter Elaine Morgan, took viewers on a tour of this complex national monument. Philip Madoc turned in a powerful and defining performance (right) making this great Welsh icon live again on our screens.

ROEDD cysgod David Lloyd George, y dewin o Gymro, i'w deimlo ym mhob rhan o'r wlad ar ddechrau'r ugeinfed ganrif: yr areithiwr penigamp, y gŵr ffraeth, y darlledwr, pensaer lles cymdeithasol ac arweinydd dihafal adeg y Rhyfel Mawr.

Fel y rhan fwyaf o wleidyddion llwyddiannus yr oes fodern, roedd yn gwbl gyfforddus o flaen meicroffon (uchod, yn 1931), a deallai mai'r cyfrwng oedd y neges ymhell cyn i Marshall McLuhan fathu'r ymadrodd. Roedd ei lais pêr a'i acen Gymreig amlwg yn gweddu'n berffaith i'r radio. Recordiad cynharaf y BBC yn ymwneud â Chymru yw araith Lloyd George adeg cyhoeddi Eisteddfod Caernarfon ym mis Gorffennaf 1934.

David Lloyd George a roddodd bwysau ar yr Arglwydd Reith i ddarlledu rhaglenni crefyddol Cymraeg, ac ef oedd y cyntaf i ddefnyddio'r radio ar gyfer darllediad gwleidyddol o Fangor.

Yn 1977, David Lloyd George oedd testun un o'r cyfresi drama mwyaf uchelgeisiol yn hanes BBC Cymru – wyth o raglenni 50 munud yn olrhain ei yrfa wleidyddol a'i hoffterau preifat. Gyda'r gerddoriaeth gofiadwy a hiraethus gan Ennio Morricone, a sgript y Gymraes ddawnus, Elaine Morgan, cafwyd portread cyflawn yn *The Life and Times of David Lloyd George* o'r ffigwr cenedlaethol cymhleth. Rhoddodd Philip Madoc berfformiad pwerus o Lloyd George (chwith) a llwyddodd i ddod â'r eicon cenedlaethol yn fyw ar y sgrîn.

ANEURIN BEVAN (below) was generally considered the most dazzling exponent of socialism that Wales has ever produced. He was also a supreme orator and those who saw him addressing his beloved miners at their annual galas will never forget the experience.

He used radio where possible in the furtherance of his general aims of creating the National Health Service while also assaulting the hated Tories at almost every opportunity.

Yet, oddly for a major orator with a silver tongue, he had a strong stammer and an inability to pronounce his 'r's properly. Somehow this added to his charisma and made people listen to him more carefully.

BBC Wales celebrated his life with the drama *Food for Ravens*, written by playwright Trevor Griffiths. Set a few months before his death, Bevan, played by Brian Cox (right), reflected on his life, his achievements and disappointments.

Nye Bevan was, for many, one of the greatest Welshmen of the 20th century. *Food for Ravens* got to the heart of this most enigmatic, serious, philosophical and poetic of politicians.

YSTYRIR mai Aneurin Bevan (chwith) yw'r Sosialydd disgleiriaf a gynhyrchodd Cymru erioed. Roedd yn areithiwr heb ei ail, a byddai ei weld yn cyfarch y glowyr yn eu cyfarfodydd blynyddol yn brofiad bythgofiadwy.

Defnyddiai'r radio ar bob cyfle i hyrwyddo creu'r Gwasanaeth Iechyd Gwladol – ac i ymosod ar y Torïaid. Ond, yn ddigon rhyfedd, o ystyried mor enwog oedd ef fel areithiwr ffraeth, roedd ganddo atal dweud difrifol ac ni allai ynganu 'r' yn iawn. Ychwanegu at ei apêl wnaeth hyn, rywfodd, gan y byddai pobl yn craffu i wrando arno'n fwy astud.

Dathlodd BBC Cymru ei fywyd gyda'r ddrama, *Food for Ravens*, wedi ei hysgrifennu gan Trevor Griffiths. Brian Cox (uchod) gymerodd ran Bevan, rhan lle roedd y gwleidydd mawr yn bwrw golwg yn ôl dros ei fywyd, rai misoedd cyn ei farw.

I lawer, Nye Bevan oedd un o Gymry mwyaf yr ugeinfed ganrif a llwyddodd y ddrama *Food for Ravens* i gyrraedd calon y gwleidydd enigmatig, difrifol, athronyddol a barddonol hwn.

Kyffin Williams

Alun Oldfield Davies: the painting by Kyffin Williams which hangs in the BBC offices in Llandaff, Cardiff.

Alun Oldfield Davies: mae'r llun hwn gan Kyffin Williams i'w weld yng Nghanolfan y BBC yn Llandaf, Caerdydd.

'IT MUST have been nearly 50 years ago that Jonah Jones visited me in London in order to make a film of my work for the BBC. An army of technicians invaded my studio and Jonah mentioned my 'long loping stride'. No longer are there armies of technicians and no longer, alas, is my stride long, even if I still lope in a geriatric fashion.

'Over the years the BBC has made several films about my work and I believe I have been favoured because, even if my work may not have been up to much, the sea and the hills around my house are a delight to the film-maker and the public as well.

'It was lucky that my work appealed to John Ormond, that brilliant man who showed his imagination and poetic vision in everything he did. He made two films of me, one in black and white and another in colour. It was an experience to be associated with a master film-maker and I obeyed his every order, much as any sitter would when having his portrait painted.

'During the making of one film, I showed John how I started a canvas four feet by three, but, having started to paint, I felt incapable of stopping, with the result that I completed the whole picture with the cameras recording my every brush-stroke. The BBC bought it and I believe it hangs in the BBC in Llandaff.

'The BBC asked me to paint their Controller, Alun Oldfield Davies, and one day his six feet six inches loomed into my studio. He sat down, crossed his mighty limbs and fixed me with a powerful glare. I finished the large portrait at one sitting but alas, the BBC referred to it as "repellent".

'I was asked to paint him again but I replied that the next one would have to be a full length life size. I thought this might deter them but it had no such effect and Alun Oldfield readily agreed to carry out my wishes. On his return he stood in the corner of my studio like an Atlas missile while I hurled myself at the canvas, on the easel and on the floor. He stood magnificently and again I completed the portrait at one sitting. This time it was accepted and it too now hangs in the BBC offices.'

'MAE'N rhaid bod yn agos i 50 mlynedd ers i Jonah Jones ymweld â mi yn Llundain er mwyn gwneud ffilm o'm gwaith ar gyfer y BBC. Llanwyd fy stiwdio gan fyddin o dechnegwyr a disgrifiodd Jonah fy "mrasgamau hirion". Mwyach, does dim byddinoedd o dechnegwyr ac nid yw fy ngham mor hir, gwaetha'r modd, yn fy henaint.

'Gwnaeth y BBC ambell i ffilm am fy ngwaith dros y blynyddoedd, ond rwy'n credu i mi gael ychydig o fantais oherwydd os nad oedd fy ngwaith yn llawer o beth, mae'r môr a'r mynyddoedd o gylch fy nghartref yn rhoi boddhad i unrhyw wneuthurwr ffilm, ac i'r cyhoedd hefyd.

'Lwc oedd hi bod fy ngwaith wedi apelio at John Ormond, yr athrylith hwnnw o ddyn a roddodd farc ei ddychymyg a'i weledigaeth farddol ar bopeth a wnaeth. Gwnaeth ddwy ffilm ohonof, un mewn du a gwyn a'r llall mewn lliw. Roedd yn brofiad bod ynghlwm â gwaith meistr o wneuthurwr ffilm ac ufuddhawn i'w bob cais, yn debyg i un yn eistedd i gael ei lun wedi ei beintio.

'Yn ystod gwneud un ffilm, es ati i ddangos i John sut roeddwn i wedi cychwyn canfas o bedair troedfedd wrth dair, ond wedi dechrau peintio doeddwn i'n methu peidio, a'r canlyniad oedd imi orffen yr holl lun gyda'r camerâu yn cofnodi pob cyffyrddiad. Prynwyd y llun gan y BBC a chredaf ei fod bellach ar wal y BBC yn Llandaf.

'Gofynnodd y BBC i mi beintio llun o'u Rheolwr, Alun Oldfield Davies, ac un diwrnod dyma'i chwe throedfedd yn ymddangos yn fy stiwdio. Eisteddodd i lawr, croesi ei gymalau hirion a rhythu arna i gyda'i edrychiad nerthol. Mi orffennais i'r darlun mawr mewn un sesiwn ond, och, cyfeiriodd y BBC ato fel *repellent*. Gofynnwyd i mi ei beintio eto ond atebais i y byddai'n rhaid i'r un nesaf fod yn un maint llawn. Roeddwn yn gobeithio y byddai hyn yn eu rhwystro ond chafodd o ddim effaith a chytunodd Alun Oldfield i ufuddhau i fy nymuniad. Pan ddychwelodd, safodd yng nghornel fy stiwdio tra teflais fy hun at y canfas, at yr îsl ac at y llawr. Safodd yn urddasol ac unwaith eto gorffennais y gwaith mewn un sesiwn. Y tro hwn, fe'i derbyniwyd ac mae hwn hefyd yn crogi ar wal canolfan y BBC yng Nghaerdydd.'

ANY history of Welsh broadcasting, however informal, is, by necessity, a history of faces and voices and there can be few faces or voices as memorable as those of Gwyn Thomas.

He will always be in the pantheon of Welsh broadcasting with his dark features, jowly mouth, coal-black eyes and a voice so magnificent and startling that everyone sprang to attention as soon as he said so much as one word.

He entered radio after struggling as a teacher and a novelist. He liked the job – and the fees – from the beginning and, interestingly, never wrote another novel. He also enjoyed the company of people like Wynford Vaughan-Thomas, Stanley Baker and Richard Burton who reckoned he was the best talker in the world.

His talks were largely about the suffering and absurdity he saw all around him in the valleys of south Wales and indeed this was almost his lifetime's theme. Little escaped his scathing wit and destructive satire.

He was a shy man who liked to keep himself to himself, often using alcohol to give him the self-confidence to go out and do his business with the microphone. 'The only way to do a chat show is to be sauced up to the eyeballs,' he once said.

HANES cyfres o wynebau a lleisiau o reidrwydd yw hanes darlledu yng Nghymru, pa bynnag mor anffurfiol; a phrin yw'r wynebau a'r lleisiau hynny sydd mor gofiadwy â rhai Gwyn Thomas.

Bydd iddo le parhaol yn oriel darlledu Cymru gyda'i wedd dywyll, drasig, ei geg dagellog a'i lygaid du fel y glo a'i lais mor urddasol fel bo pawb yn sythu i ufuddhau i bob gair.

Daeth i fyd radio wedi sawl blwyddyn galed yn gweithio fel athro a nofelydd. Hoffodd y gwaith – a'r cyflog – o'r funud gyntaf ac, yn ddiddorol, ni ysgrifennodd yr un nofel arall. Roedd hefyd wrth ei fodd yng nghwmni pobl fel Wynford Vaughan-Thomas, Stanley Baker a Richard Burton, a gredai mai ef oedd y siaradwr gorau yn y byd.

Byrdwn ei waith oedd y dioddefaint a'r afresymoldeb a welai o'i gwmpas yng nghymoedd de Cymru ac yn wir dyma oedd ei thema drwy'i oes. Ychydig o bethau a ddihangodd rhag ei ffraethineb brathog a'i ddychan dinistriol.

Dyn swil ydoedd, un a gadwai ei hun iddo'i hun, yn aml yn dibynnu ar alcohol i ddod o hyd i hunan-hyder i fynd allan gyda'i feicroffon. 'Yr unig ffordd i wneud sioe sgwrsio yw bod yn feddw gaib,' meddai unwaith.

Gwyn Thomas

Sobri wrth weld y golau gwyrdd

YN Y 1930au, radio oedd prif ddull cyfathrebu Cymru, a phan lansiodd y BBC gystadleuaeth barddoniaeth yn 1932, daeth 11,000 o gerddi i law. Un o'r egin-feirdd hynny oedd gwrandäwr 19 oed o Abertawe, gyda'i gerdd *The Romantic Isle*. Enw'r cystadleuydd ifanc hwnnw oedd Dylan Thomas.

Dyma oedd man cychwyn gyrfa wych a meddwol saer geiriau enwocaf Cymru. Wynford Vaughan-Thomas a ddarbwyllodd stiwdio Abertawe i roi ei gytundeb cyntaf iddo: chwarter awr o farddoniaeth ar gyfer *Life and the Modern Poet*, a derbyniodd bedair gini o dâl.

Gyda'i lais melodramatig, roedd Dylan wedi'i eni i fod ar y radio. Ac yn ôl y sôn, yn ei feddwdod, byddai'n sobri ymhen eiliadau o fod o flaen y meicroffon gan lwyddo bob tro i roi perfformiad da.

Daeth cynhyrchwyr i'r casgliad y byddai'n perfformio'n dda o'i gadw i'r cwrw yn unig, er y gallai problemau godi gyda rhai geiriau os byddai wedi llwyddo i gael ambell wisgi slei cyn y recordiad. Unwaith, daethpwyd o hyd iddo'n chwyrnu'n braf tua hanner munud cyn darllediad byw. O'i ddihuno ac mewn braw, roedd bron yn sobor erbyn iddo weld y golau gwyrdd.

'Roedd yn gymeriad lliwgar o flaen y meicroffon gydag elfen angylaidd yn perthyn iddo,' meddai John Arlott, a weithiodd gydag ef am nifer o flynyddoedd yn y BBC. 'Wnaeth e' erioed fy siomi i mewn unrhyw ffordd.' Cytunodd Aneirin Talfan Davies. 'Doedd e' byth yn ymddangos yn feddw yn y stiwdio, a doedd e byth yn rhoi perffformiad gwael.'

Yn wir, llwyddodd Dylan Thomas i ehangu ffiniau radio gyda'i gerddi rhyddiaith gwych fel *Quite Early One Morning*, *Return Journey* a'i waith enwocaf: *Under Milk Wood*. Ni fu geiriau a sillafau erioed mor sionc a soniarus, na chynt nac wedyn.

Sober at the wink of the green light

RADIO was the dominant force in Wales in the 1930s and when the BBC launched a poetry competition in 1932 it attracted 11,000 entries. One of these would-be bards was a Swansea listener, Dylan Thomas, aged 19, with *The Romantic Isle*.

Thus began the fabulous, drunken career of Wales's most famous wordsmith and it was Wynford Vaughan-Thomas who got the Swansea studio to give him his first contract: 15 minutes of poetry for *Life and the Modern Poet*, for which he was paid four guineas.

With his melodramatic voice Dylan could have been born for radio. Apparently, drunk as he would often get, he would always sober up seconds before he got in front of a microphone and never once put in a bad performance.

Producers found that he would do well if they kept him on the beer although there could be problems with certain words if he managed to slip in a few whiskies before recording. He was once found snoring 30 seconds before going on air but, on being shaken awake, he all but jumped out of his skin and was almost sober when he got the green light.

'He was a happily extravagant figure in front of the mike with the roundness of a Tintoretto urchin-cherub,' said John Arlott, who worked with him over many years at the BBC. 'He never let me down in any way.' Aneirin Talfan Davies agreed. 'He never appeared drunk in the studio and never did a bad job.'

Indeed Thomas extended the range of radio with his marvellous prose poems which included *Quite Early One Morning*, *Return Journey* and his most famous work, the 'play for voices', *Under Milk Wood*. Words and syllables had never quite bounced in the same way before.

UNDER MILK WOOD 2003: Glyn Houston (centre back) joined by a galaxy of today's actors for the latest version of the play for voices, first broadcast on radio in 1953. From left, Steve Meo, Ruth Jones, Catrin Rhys, Glyn himself, Lisa Palfrey, Mali Harries and Matthew Rhys. Richard Burton's voice from the original recording was digitally inserted alongside that of the actors.

UNDER MILK WOOD 2003: (o'r chwith) Steve Meo, Ruth Jones, Catrin Rhys, Glyn Houston, Lisa Palfrey, Mali Harries a Matthew Rhys. Llwyddwyd i godi llais Richard Burton oddi ar y recordiad gwreiddiol a defnyddio technoleg ddigidol i'w gyfuno â lleisiau'r actorion cyfoes.

'One Christmas was so much like another, in those years around the sea-town corner now and out of all sound except the distant speaking of the voices I sometimes hear a moment before sleep, that I can never remember whether it snowed for six days and six nights when I was 12 or whether it snowed for 12 days and 12 nights when I was six; or whether the ice broke and the skating grocer vanished like a snowman through a white trap door on that same Christmas Day that the mince pies finished Uncle Arnold and we tobogganed down the seaward hill, all the afternoon, on the best tea tray, and Mrs Griffiths complained, and we threw a snowball at her niece, and my hands burned so, with the heat and the cold, when I held them in front of the fire, that I cried for 20 minutes and then had some jelly.'

A Child's Christmas in Wales, *recorded December 6, 1945, for transmission on the Welsh Home Service Children's Hour. Dylan received a fee of 12 guineas.*

Recordiwyd Nadolig Plentyn yng Nghymru *ar Rhagfyr 6, 1945, ar gyfer Awr y Plant. Derbyniodd Dylan dâl o 12 gini.*

DAETH Dylan i'r Ganolfan Ddarlledu am y tro cyntaf yn y 1940au fel actor mewn dramâu propaganda. Dewisiodd y cynhyrchydd Douglas Cleverdon ef fel milwr Prydeinig mewn cynhyrchiad yn 1946, a bu hynny'n ysgogiad i Richard Burton ysgrifennu yn *Book Week* yn 1965.

DYLAN's first entry into Broadcasting House was as an actor in wartime propaganda plays in the early 1940s. Cast by producer Douglas Cleverdon as a British Tommy in a 1946 production, he prompted Richard Burton to write in *Book Week* in 1965:

'Dylan as an actor and as an explosive dynamic performing force was a dangerous rival for other actors, as I know, for I worked with him a few times or several, and once, for instance, a director said to him, (we were rehearsing a radio play at the time), 'Dylan will you take the words "Mam! Mam!" and scream them for me: you will understand that you are dying in No Man's Land, and when you hear the Royal Welch sing, I will give you a cue light and then scream for me woodjew there's a good chap.'

Richard Burton a'r cynhyrchydd Douglas Cleverdon yn trafod Under Milk Wood.

Richard Burton and the producer Douglas Cleverdon discuss Under Milk Wood.

'And the Royal Welch did sing in this rehearsal, it was a record of course, and they sang, of what you could see, from the hills above Jerusalem, and was in the minor key and sad as the devil or death, and the green light flickered and Dylan, short, bandy, prime, obese and famous among the bars screamed, as I have never heard, but sometimes imagined a scream.'

Enfant terrible and flawed man of letters

REGARDLESS of the choice of *Dafydd y Garreg Wen* for the first song broadcast from Cardiff, the BBC was no friend to the Welsh language. It was decreed from London that all talks, poetry or drama would have to be in English. Thus lay the basis of a long-standing argument.

From the beginning, the Welsh-speakers were determined to see the language have a fair share of the airwaves. Swansea began offering an occasional Welsh night when all the songs were in Welsh with a brief talk also in Welsh, including some by Saunders Lewis.

Lewis was an eminent figure in Welsh literature although most of his power and influence can be traced to the fact that he understood the power of the Welsh media and exploited it ruthlessly.

BBC radio talks on the fate of the Welsh language forecast that it would soon become extinct. Lewis's famous 1962 broadcast, *Tynged yr Iaith* (The Fate of the Language) inspired the birth of the Welsh Language Society whose members wrung concession after concession out of the authorities and managed to put the language at the top of the Welsh cultural agenda.

While Lewis constantly excoriated the BBC for its attitude towards the language, he continued to use it in his cause. He achieved enormous publicity after he and two other leading members of Plaid Cymru burned down a shed in an RAF bombing school in Penyberth. They were subsequently imprisoned and Lewis was dismissed from his Swansea lecturing post. There can be little doubt that the media-fuelled publicity helped his future career.

During the 1930s, with the growth of Fascism and right wing ideas across Europe, Saunders Lewis was criticised by his political opponents for his leanings towards such policies in Wales. He was, however, a prolific writer and broadcaster who expressed his love of Wales and the Welsh language through a variety of genres.

Perhaps his most important contribution was as a dramatist with much of his work shown on BBC television in the 1950s and 1960s to great general acclaim. Plays such as *Brad*, *Siwan*, *Esther* and *Blodeuwedd* tell of a man who had suffered at the very heart of Wales, a writer who was always quietly determined to leave his homeland a better place, speaking its own language.

'Mi ragdybiaf y bydd terfyn ar y Gymraeg yn iaith fyw, os parha'r tueddiad presennol, tua dechrau'r unfed ganrif ar hugain, a rhoi bod dynion ar gael yn Ynys Prydain y pryd hynny.'

'I predict that Welsh as a living language will cease to be, if the present trends continue, about the beginning of the twenty first century, supposing that there are still men alive in Britain then.'

LEFT: Early broadcast from Swansea studio with, from left, Rev G O Williams, Saunders Lewis, Professor Brinley Thomas and Aneirin Talfan Davies.

CHWITH: Darllediad cynnar o stiwdio Abertawe gyda, o'r chwith, y Parchedig G O Williams, Saunders Lewis, yr Athro Brinley Thomas ac Aneirin Talfan Davies.

PENYBERTH: From left: John Phillips as author and broadcaster D J Williams, Dyfan Roberts as Rev Lewis Valentine and Owen Garmon as Saunders Lewis, the men whose beliefs made them flaunt the law.

PENYBERTH: O'r chwith: John Phillips fel y llenor a'r darlledwr D J Williams, Dyfan Roberts fel y Parchedig Lewis Valentine ac Owen Garmon fel Saunders Lewis, y tri gŵr a aeth i garchar dros eu daliadau.

AR Y DECHRAU, nid oedd fawr o gariad rhwng y BBC a'r Gymraeg, a daeth gorchymyn o Lundain y dylai'r holl ddarlithoedd, barddoniaeth a dramâu fod yn Saesneg. Dyma oedd sylfaen dadl hir o fewn y gorfforaeth wrth i'r cenedlaetholwyr godi eu llais.

O'r cychwyn, roedd y siaradwyr Cymraeg yn benderfynol o weld y Gymraeg yn cael lle mwy teilwng ar y radio, a dechreuodd stiwdio Abertawe gynnig ambell noson o raglenni Cymraeg, gyda'r holl ganeuon yn Gymraeg, ac ambell ddarlith Gymraeg, gan gynnwys rhai gan Saunders Lewis.

Roedd Saunders yn ffigwr amlwg ym myd llenyddiaeth Gymraeg yr ugeinfed ganrif, ond trwy'r cyfryngau y cafodd y rhan fwyaf o'i rym a'i ddylanwad. Roedd yn eu deall i'r dim a defnyddiai hwy i'w ddibenion ei hun.

Proffwydodd y byddai'r iaith yn mynd i ddifancoll yn un o'i ddarlithoedd ar radio'r BBC. Arweiniodd y ddarlith radio enwog honno yn 1962, *Tynged yr Iaith*, at greu Cymdeithas yr Iaith Gymraeg, mudiad a lwyddodd i roi'r Gymraeg ar frig yr agenda ddiwylliannol yng Nghymru.

Er bod Lewis wedi lladd yn gyson ar y BBC am ei hagwedd tuag at yr iaith, roedd eto'n barod i'w defnyddio at ei ddibenion ei hun. Cafodd gryn gyhoeddusrwydd ar ôl iddo ef, a dau aelod blaenllaw arall o Blaid Cymru, losgi'r Ysgol Fomio ym Mhenyberth. Wedi hynny, cafodd ei garcharu ac fe'i diswyddwyd fel darlithydd ym Mhrifysgol Abertawe. Ond mae un peth yn sicr – rhoddodd y sylw a dderbyniodd yn y cyfryngau hwb i'w yrfa wedi hynny.

Yn ystod y 1930au gyda thwf Ffasgiaeth a syniadaeth asgell dde ledled Ewrop, beirniadwyd Saunders Lewis gan ei wrthwynebwyr gwleidyddol am ogwyddo tuag at bolisïau tebyg yng Nghymru. Er gwaetha hyn, roedd yn awdur ac yn ddarlledwr toreithiog a fynegodd ei gariad at Gymru a'r Gymraeg mewn sawl ffurf lenyddol.

Efallai mai yn ei ddramâu y cafwyd ei gyfraniad pwysicaf, gyda llawer o'i waith yn cael ei ddarlledu ar deledu'r BBC yn y 1950au a'r 1960au gan dderbyn canmoliaeth uchel. Yn ei ddramâu fel *Brad*, *Siwan*, *Esther* a *Blodeuwedd*, mae'n amlwg fod yma ddyn sydd wedi profi i'r byw yr argyfwng a wynebai Cymru, a dramodydd a oedd yn dawel benderfynol i adael ei wlad yn lle gwell – gwlad a siaradai ei hiaith ei hun.

As the destruction spread, the laughter continued

FOUR hundred and thirty two people, 17 dogs and a parrot went to Bangor to make light entertainment programmes during the war. They had first gone to Bristol, but were forced to leave when the city became a target for German bombs.

In Bangor they had to start all over again fitting up more church halls and this time a cinema theatre – The County – as well as the Grand Theatre in Llandudno.

The variety department spread itself out to a radius of about 25 miles, with special buses bringing people in to the town from their billets.

Bangor meant a round trip for most artists of about 550 miles yet they came: stars like Tommy Handley and Jack Hulbert, Cecily Courtneidge, Jack Buchanan, Arthur Askey, Old Mother Riley, Jimmy O'Dea and Lucan and McShane.

Karry Korris used to motor all through the night from wherever he was at the time to take part in *Happidrome*, another success which had been started in Weston-Super-Mare.

Bangor saw the creation of another wartime success, *Old Town Hall*. By April 1941 the whole variety outfit followed the vanguard to Wales – except one unit which went to London and started *Any Questions*, later to become *The Brains Trust*.

The department gradually trickled back to London, so that by the autumn of 1943 most were gone.

TO COMMEMORATE
THE SOJOURN OF THE
VARIETY DEPARTMENT
OF THE
BRITISH BROADCASTING
CORPORATION
IN THE
CITY OF BANGOR
FROM OCTOBER 1940
TO AUGUST 1943

AETH pedwar cant tri deg a dau o bobl, 17 o gŵn a pharot i Fangor i wneud rhaglenni adloniant ysgafn yn ystod y rhyfel. Aethant i Fryste yn wreiddiol, ond bu'n rhaid iddynt adael pan ddaeth y ddinas yn darged i'r Almaenwyr.

Ym Mangor, bu'n rhaid iddynt ddechrau o'r dechrau, gan addasu festrïoedd capeli a sinema y tro yma – The County – yn ogystal â Theatr y Grand yn Llandudno, ar gyfer recordio.

Roedd yr adran adloniant ar wasgar ar draws 25 milltir, a threfnwyd bysiau arbennig i ddod â'r staff i Fangor o'u llety.

I'r rhan fwyaf o artistiaid, roedd hi'n daith o 550 o filltiroedd i Fangor, ond byddent yn parhau i ddod: sêr fel Tommy Handley a Jack Hulbert, Cecily Courtneidge, Jack Buchanan, Arthur Askey, Old Mother Riley, Jimmy O'Dea a Lucan a McShane.

Ble bynnag fyddai Karry Korris ar y pryd, byddai'n gyrru drwy'r nos i gymryd rhan yn *Happidrome*, llwyddiant arall a oedd wedi cychwyn yn Weston-Super-Mare.

Cafodd llwyddiant arall o gyfnod y rhyfel ei greu ym Mangor hefyd – *Old Town Hall*, ac erbyn Ebrill 1941 daeth yr adran adloniant gyfan i Gymru – ar wahân i un uned a aeth i Lundain i ddechrau *Any Questions*, a drodd yn y man yn *The Brains Trust*.

Yn raddol bach, aeth yr adran yn ei hôl i Lundain, ac erbyn hydref 1943, roedd y rhan fwyaf wedi mynd.

Mae'r distryw'n lledu, ond parhau mae'r chwerthin

LEFT: Radio stars enjoy a drink at the Vaults, the popular pub in Bangor most visited by BBC variety people in 1942. From left, back, Harry O'Donovan (scriptwriter of Irish Half Hour), Jimmy O'Dea and Bill Parry (landlord of the Vaults). Sitting, Leon Cortez, Paula Green of the BBC Variety rep and Gavan O'Connor. On the walls are photographs of radio stars given to the manager, including Nosmo King, Bryan Michie and Norman Long.

CHWITH: Sêr y radio yn mwynhau diod yn y Vaults – y dafarn boblogaidd ym Mangor a fynychwyd gan staff adran adloniant y BBC yn 1942. O'r chwith, cefn, Harry O'Donovan (sgriptiwr Irish Half Hour), Jimmy O'Dea, Bill Parry (landlord y Vaults). Yn eistedd, Leon Cortez, Paula Green o adran adloniant y BBC a Gavan O'Connor. Ar y wal gwelir lluniau o sêr enwog y radio a roddwyd i'r tafarnwr, gan gynnwys Nosmo King, Bryan Michie a Norman Long.

RIGHT: The Adventures of Tommy Trouble, one of the most popular features of Welsh Rarebit, a variety programme broadcast monthly from the BBC in Wales in 1942. From left, Tom Jones (Llewelyn), Rachel Thomas, Eynon Evans, the scriptwriter (who also played the part of Jimmy Jams), Lyn Joshua (Tommy) and Philip Phillips (Willie the Whip).

DDE: The Adventures of Tommy Trouble, un o eitemau nodwedd mwyaf poblogaidd Welsh Rarebit, rhaglen adloniant a ddarlledwyd yn fisol o'r BBC yng Nghymru yn 1942. O'r chwith, Tom Jones (Llewelyn), Rachel Thomas, Eynon Evans y sgriptiwr, (a oedd hefyd yn chwarae rhan Jimmy Jams), Lyn Joshua (Tommy) a Philip Phillips (Willie the Whip).

Wartime memories

THE BANGOR studio was set up at Bryn Meirion, a large house between the city centre and the university college. One of the first to be put in charge there was the legendary Sam Jones whose ambition was to make Bangor the chief centre for Welsh broadcasting.

One of the first programmes he produced there was *Noson Lawen* at the Penrhyn Hall, Bangor. It was a broadcasting sensation: local council meetings would finish early so everyone could get home to listen to the music and songs. Village societies would plan their meetings so as not to clash with it and mothers begged Jones to put it on earlier so that the children could listen to it before they went to bed.

Jones had always been on the look out for new radio formats and this one might not have happened were it not for a concert he had attended in a local café. A group of students provided the entertainment and the first item, performed by a trio, brought him to his feet. He could hardly sit down for the rest of the evening as one item followed the other: solos, duets, trios, a ventriloquist, great music, a mock peroration on Welsh radio given with the traditional Welsh hwyl and even a skit on Jones himself.

Translated to radio, the formula was a winner, with calls from all over Wales plus England and Scotland. Only students could have got away with some of the satirical songs. No one was safe from their debunking – from the government down to the local eisteddfod committee. They taught people to laugh at themselves and they loved it. The satirical review was born.

One of the students was Meredydd Evans, one of the Triawd y Coleg (College Trio). He had an astonishing ability to write music and words and could sing bass or tenor as required. Meredydd even became known as The Bangor Bing and children could be heard singing his songs in the street. But sometimes he could be a bit late with his contribution to the script.

'On one occasion Sam made a really cunning move on me,' Meredydd recalled. 'He called me on the pretext of wanting to discuss something confidential. I went to his office and as I walked past an empty room I felt myself being pushed in and the door locked behind me.

'There, Sam said. 'You can come out when you've written your words.'

The first of the radio tycoons.

ABOVE: Sandy MacPherson at his famous organ, which was taken to Bangor, to the County Theatre, where it spent the war years. Sandy (pictured in 1942) was an immensely popular entertainer.

UCHOD: Sandy MacPherson a'i organ adnabyddus a gludwyd i Fangor i osgoi'r rhyfel. Roedd yr organ yn y County Theatre gydol y rhyfel tan iddi gael ei symud yn ôl i Lundain yn 1943.

SEFYDLWYD stiwdio Bangor ym Mryn Meirion, tŷ mawr rhwng canol y ddinas a choleg y Brifysgol. Un o'r rhai cyntaf i fod yn bennaeth yno oedd Sam Jones, a'i uchelgais ef oedd gwneud Bangor yn brif ganolfan darlledu Cymraeg.

Un o'r rhaglenni cyntaf iddo eu cynhyrchu yno oedd *Noson Lawen* o Neuadd y Penrhyn, Bangor. Roedd yn llwyddiant ysgubol: byddai cyfarfodydd cynghorau lleol yn gorffen yn gynnar er mwyn galluogi cynghorwyr i fynd adre mewn pryd i wrando; cynllunid cyfarfodydd cymdeithasau i beidio â digwydd yr un pryd â'r darllediadau, a byddai mamau'n crefu ar Sam Jones i ddarlledu'r rhaglen yn gynt er mwyn i'r plant allu gwrando cyn mynd i'w gwelyau.

Chwiliai Sam am ffurfiau newydd bob amser, a'r ysbrydoliaeth ar gyfer *Noson Lawen* oedd cyngerdd mewn caffi lleol. Criw o fyfyrwyr oedd yn gyfrifol – roedd perfformiad gan driawd y peth gorau iddo ei glywed erioed. Dilynodd un eitem wefreiddiol y llall gydol y noson – unawdwyr, deuawdau, triawdau, cerddoriaeth ardderchog, ffug-bregeth ar radio Cymraeg yn arddull y pregethwyr mawr – a hyd yn oed sgit ar Sam Jones ei hunan!

O'i addasu ar gyfer y radio, roedd yn llwyddiant mawr, gyda chanmoliaeth yn dod o Gymru benbaladr, a hyd yn oed o Loegr a'r Alban. Dim ond myfyrwyr allai fod wedi llwyddo i dynnu coes i'r fath raddau, yn enwedig yng ngeiriau rhai o'r caneuon dychan. Doedd neb yn ddiogel – y Llywodraeth, yr Eisteddfod na neb. Dyna eni'r rifiw ddychanol.

Un o'r myfyrwyr hynny oedd Meredydd Evans, aelod o Driawd y Coleg. Roedd ganddo ddawn ysgrifennu cerddoriaeth a geiriau anhygoel a gallai ganu bas neu denor yn ôl y galw – yn wir fe'i llysenwyd yn Bing Bangor. Ond gallai fod ychydig yn hwyr yn paratoi weithiau.

'Un tro, fe'm daliwyd i'n lew gan Sam,' meddai Merêd. 'Galwodd amdanaf gan esgus ei fod eisiau trafod rhywbeth cyfrinachol. Mi es i i'w swyddfa, ac wrth i mi gerdded heibio i stafell wag, teimlais fy hunan yn cael fy ngwthio i mewn, a'r drws yn cloi y tu ôl i mi. "Dyna ti," meddai Sam. "Fe gei di ddod allan pan fyddi di wedi ysgrifennu dy eiriau." '

Teicŵn cyntaf byd y radio.

O'R CHWITH: Sam Jones (ail o'r dde) a Thriawd y Coleg, Cledwyn Jones, Meredydd Evans a Robin Williams.

FROM LEFT: Sam Jones (second right) and Triawd y Coleg, Cledwyn Jones, Meredydd Evans and Robin Williams.

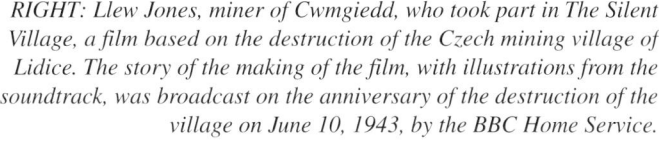

RIGHT: Llew Jones, miner of Cwmgiedd, who took part in The Silent Village, a film based on the destruction of the Czech mining village of Lidice. The story of the making of the film, with illustrations from the soundtrack, was broadcast on the anniversary of the destruction of the village on June 10, 1943, by the BBC Home Service.

DDE: Llew Jones, glöwr o Gwmgiedd a gymerodd ran yn y ffilm The Silent Village, wedi'i seilio ar bentref yn Tsiecoslofacia, Lidice. Darlledwyd rhaglen ynglŷn â chreu'r ffilm ar y BBC Home Service ar ben-blwydd difa'r pentref ar Fehefin 10, 1943.

Looking for Dad

EDDIE STEPHENS, a taxi driver from Cardiff, was brought up in Whitland, Carmarthenshire, the son of a white woman and a black American GI, of whom he knew nothing until 1983 when his mother died, leaving behind a mysterious photograph of a man in uniform.

Eddie was not even sure that the picture was, in fact, of his father, but he began the process of tracking down, and finally meeting, the relatives he never knew he had in the United States.

His story was told in a BBC Wales programme in 1999, called *Looking for Dad*, and the Head of English Language programmes at the time, Dai Smith, arranged a launch for the programme at Broadcasting House in Llandaff. What Eddie didn't know, however, was that BBC Wales had also arranged for his American relatives to 'turn up' at the launch, and the sequence of photographs, right, show Eddie's emotional reaction to that day.

One man who made Eddie's search a priority was TV producer Peter Wilson. It had been a difficult search, and sadly Eddie's father had died in 1948. Nevertheless, it was a happy ending.

Chwilio am Dad

CAFODD Eddie Stephens, gyrrwr tacsi o Gaerdydd, ei fagu yn Hendy-gwyn ar Daf, Sir Gaerfyrddin, yn fab i wraig wyn ei chroen ac Americanwr croenddu a fu'n GI. Wyddai Eddie ddim byd am ei dad tan 1983 pan fu farw ei fam, gan adael llun dieithr o ddyn mewn lifrai.

Heb wybod yn iawn ai llun ei dad oedd hwn mewn gwirionedd, dechreuodd ar y broses o ddarganfod, ac yn y pen draw, gyfarfod â pherthnasau o America na wyddai am eu bodolaeth cyn hynny.

Adroddwyd ei stori mewn rhaglen gan BBC Cymru yn 1999, o'r enw *Looking for Dad,* a threfnodd y Pennaeth Rhaglenni Saesneg ar y pryd, Dai Smith, lansiad i'r rhaglen yn y Ganolfan Ddarlledu yn Llandaf. Yr hyn na wyddai Eddie, fodd bynnag, oedd bod BBC Cymru hefyd wedi trefnu i'w deulu Americanaidd ddod i'r lansiad, ac mae'r gyfres o luniau ar y dde yn dangos ymateb emosiynol Eddie y diwrnod hwnnw.

Y dyn a arweiniodd ymgyrch Eddie oedd y cynhyrchydd, Peter Wilson. Bu'n waith anodd a digon trist, gan fod tad Eddie wedi marw yn 1948. Serch hynny, bu diweddglo hapus i'r rhaglen.

TOP: 'Take a look towards that door,' says Dai Smith to Eddie. Centre: the reunion and below, relatives together again and with a lot to talk about.

UCHOD: 'Edrychwch i gyfeiriad y drws', medd Dai Smith wrth Eddie. Canol: yr aduniad ac isaf, y teulu ynghyd.

The legacy of the Falklands

Etifeddiaeth y Falklands

PEOPLE who have had their features blasted off, who have lost their hair and been so disfigured they have become barely recognisable, who have been operated on again and again – such people might be forgiven for giving up, for melting away into the background of some quiet residential home. But Simon Weston isn't such a person.

This man's reaction to horrifying, almost fatal, injuries sustained when he was aboard HMS *Sir Galahad* during the Falklands War, can only be described as inspirational. Since then, he has learnt how to fly, become a saloon-car racing driver, entered into broadcasting and hosted his own show on BBC Wales.

Simon has also been the subject of five major BBC documentaries, written a bestselling autobiography and a series of novels. He's been awarded the OBE and set up his own charity, Weston Spirit, in which some 40,000 young people have taken part in personal development programmes.

Simon Weston is a light for our fallen, cynical times. A champion, a great role model, a star.

EU hwynebau wedi eu chwythu i ffwrdd, eu gwallt wedi mynd, eu cyrff wedi eu hanffurfio gymaint fel nad oes modd eu hadnabod ac wedi dioddef triniaethau diddiwedd – byddai modd deall sut y byddai pobl fel hynny eisiau ildio, neu ymdoddi i gefndir ryw gartref preswyl tawel. Ond nid person felly yw Simon Weston.

Ni all ymateb y gŵr hwn i'r anafiadau erchyll, angheuol bron iawn, a ddioddefodd ar fwrdd HMS *Sir Galahad* yn Rhyfel y Falklands, ddim ond cael ei ddisgrifio fel ysbrydoledig. Ers hynny mae wedi dysgu sut i hedfan, wedi dod yn yrrwr rasio ceir salŵn, wedi mentro i fyd darlledu ac wedi cyflwyno ei raglen ei hun ar BBC Cymru. Bu hefyd yn destun pum rhaglen ddogfen amlwg gan y BBC, fe ysgrifennodd hunangofiant llwyddiannus a chyfres o nofelau. Derbyniodd yr OBE a sefydlodd ei elusen ei hun, Weston Spirit, sydd wedi galluogi 40,000 o bobl ifanc i gymryd rhan mewn cynlluniau datblygu personol.

Mae Simon Weston yn llusern mewn cyfnod tywyll. Mae'n arwr, yn rhywun i'w efelychu, yn seren.

Herio llethrau'r mynydd uchaf yn y byd

'DW I wedi ymweld ag ardal Everest dair gwaith bellach, a chryfhau mae'r dynfa bob tro,' meddai Llion Iwan. Dangoswyd ei ffilm am ddringo Everest ar S4C i nodi 50 mlynedd ers yr esgyniad cyntaf yn 1953, un o ddwy raglen arbennig gan BBC Cymru. Dangoswyd y llall, ffilm gan Steve Robinson, oedd yn cynnwys deunydd o'r archif yn ogystal â lluniau'r mynydd a dringwyr heddiw, ar BBC4. Meddai Llion: 'Dydi hi ddim yn anodd cael eich swyno gan y golygfeydd, y bobl a'r bywyd syml o deithio o le i le. Ond eto, dw i'n ymwybodol fy mod i, trwy fod yno, yn cael effaith ar y bobl a'u diwylliant. Yr hyn yr oeddwn i'n ceisio ei ddarganfod oedd ai da neu ddrwg ydi'r obsesiwn yma gydag Everest sy'n tynnu miloedd yno bob blwyddyn.'

Tra yn Nepal yn ffilmio, cyfarfu Llion Iwan â Jamling, mab sherpa Tenzing. Dros gyfnod o ddeunaw mlynedd dringodd Tenzing Everest chwe gwaith heb gyrraedd y copa, a phan aeth yn ôl yn 1953 roedd ei iechyd yn gwanhau wedi'r holl ymdrechion. Hwn fyddai'r cyfle olaf. Diddorol oedd clywed gan Jamling farn ei dad am John Hunt. Meddai Llion:

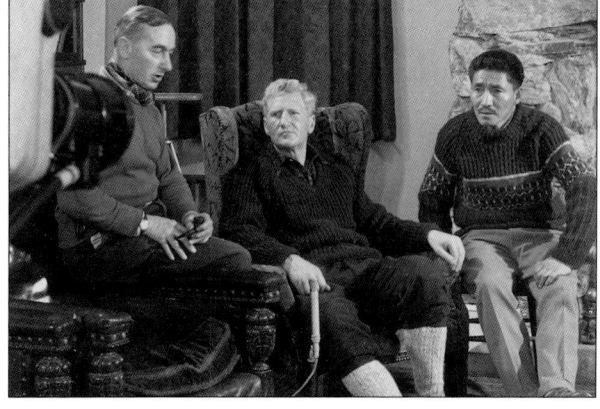

'Dywedodd wrthyf sut roedd ei dad wedi dringo droeon, a'r flwyddyn gynt roedd bron wedi cyrraedd y copa gyda thîm o'r Swistir. Fe wnaeth ffrindiau gyda thîm y Swistir, ffrindiau oes. Roedd pawb yn gyfartal, dringwyr oedd pawb. Un enghraifft o hyn oedd eu bod i gyd, y sherpa a'r dringwyr, yn rhannu pebyll.

'Pan aeth i Kathmandu i gwrdd â thîm John Hunt, anfonwyd pob sherpa i gysgu yn y stabal gan staff Uchel Gomisiwn Prydain. "Bu bron i bopeth fynd ar chwâl cyn gadael Kathmandu!" meddai.'

'I'VE BEEN to Everest three times, and each time I go, the attraction grows. It's not difficult to be beguiled by the landscape, the people and their simple nomadic lives,' said Llion Iwan, whose film on climbing Everest was shown on S4C to mark the 50th anniversary of that first climb in 1953. Another BBC Wales film, by Steve Robinson, which featured archive footage as well as film of the mountain and its climbers today, was shown on BBC4.

'Yet I'm aware that just by being there I'm having an effect on the people and their culture. What I tried to find out was whether my obsession with Everest – and that of several thousand others – was for good or evil,' said Llion.

While in Nepal, Llion met Jamling, son of sherpa Tenzing, who had accompanied Sir John Hunt on that original climb. Over 18 years Tenzing had climbed Everest six times, but never reached the summit. When he joined the Hunt expedition in 1953 his health was beginning to fail, and he felt this was his last chance.

Jamling told Llion what his father had thought of John Hunt. 'He told me his father was an experienced climber, and the previous year had almost reached the top with a Swiss team, with whom he'd become great friends. They treated everyone the same – for example everyone shared the same tents.

'When Tenzing had gone to Kathmandu to meet Hunt, the sherpas were all sent to sleep in the stables by a man from the British High Commission.

'It nearly all went wrong before they left Kathmandu,' he said.

Over the years the slopes of Snowdon have provided perfect practice grounds for British mountaineers, including Sir John Hunt, whose conquest of Everest coincided with the Coronation of Queen Elizabeth II in 1953. Ten years later he and sherpa Tenzing revisited Snowdonia to record a film, Everest Plus 10, recalling their historic climb and its beginnings in Snowdonia. From the comfort of the Pen-y-gwryd hotel (left), which all the world's great mountaineers have visited in their time, they remember Everest, while the BBC Wales camera crew (above) almost defy gravity in their efforts to capture the difficulties of climbing in an inhospitable landscape.

Dros y blynyddoedd mae llethrau Eryri wedi bod yn fan ymarfer i fynyddwyr Prydeinig, gan gynnwys Syr John Hunt, a ddringodd Everest gan gyrraedd y copa adeg Coroni Elizabeth II yn 1953. Ddeng mlynedd yn ddiweddarach, daeth ef a sherpa Tenzing i Eryri i recordio Everest Plus 10, ffilm oedd yn dathlu pen-blwydd y gamp, a'i gwreiddiau yn Eryri. Yng ngwesty Pen-y-gwryd (chwith) maent yn sôn am eu hatgofion, tra bo criw camera BBC Cymru (uchod) yn herio'r llethrau wrth geisio cael golwg ar anawsterau dringo mewn tirlun digroeso.

Gyferbyn: Llion Iwan ac Everest.

Opposite: Llion Iwan and Everest.

Scaling the slopes of the highest mountain in the world

The biggest ever outside broadcast . . . until the Pope came

THE BBC's coverage of the Investiture of the Prince of Wales at Caernarfon on July 1, 1969, was its longest outside broadcast since the Coronation of 1953 – six hours – and its biggest-ever colour outside broadcast.

It attracted a world-wide audience of 500 million people, including viewers in the US, Canada, Australia, Europe, Japan and Mexico, many of whom received the pictures by satellite. At least 17 television commentators from abroad came to Caernarfon.

Thirty outside broadcast cameras gave viewers a grandstand seat using two cameras perched 100ft up on a tower on the Roman ruins of Segontium, providing a bird's eye view of Caernarfon Castle and the royal route. Five of the cameras on the castle towers and battlements were within 70ft of the Investiture dais. Commentating for the BBC were Richard Baker and Emlyn Williams, with Cliff Michelmore introducing.

More than £2 million of BBC equipment was taken to Caernarfon for the event. There were at least 20 OB vans and some five miles of camera cable. A new part of the equipment was the 'man pack' colour recording unit – battery operated and carried on the operator's back.

Radio played its part in the proceedings, too. There was a commentary on the Investiture to all parts of the globe in English on the BBC World service and reports in 38 foreign languages on other BBC external services.

ABOVE: The Queen invests her son as the Prince of Wales in 1969.

UCHOD: Y Frenhines yn arwisgo ei mab yn Dywysog Cymru, yn 1969.

Darllediadau allanol a dorrodd dir newydd

ARWISGO Tywysog Cymru yng Nghastell Caernarfon ar Orffennaf 1, 1969, oedd darllediad allanol hiraf y BBC ers y Coroni yn 1953 – chwe awr – a'r darllediad allanol lliw mwyaf erioed.

Denodd gynulleidfa fyd-eang o 500 miliwn o bobl, gan gynnwys gwylwyr o'r Unol Daleithiau, Canada, Awstralia, Ewrop, Japan, a Mecsico. Daeth o leia 17 o sylwebwyr tramor i Gaernarfon.

Rhoddwyd golygfa benigamp i'r gwylwyr gan dri deg o gamerâu allanol: gosodwyd dau ar ben twr 100 troedfedd ar olion Rhufeinig Segontiwm gan roi golwg glir o Gastell Caernarfon a llwybr y daith frenhinol. Roedd pum camera ar dyrau'r castell o fewn 70 troedfedd i lwyfan yr Arwisgo. Y sylwebwyr ar ran y BBC oedd Richard Baker ac Emlyn Williams, gyda Cliff Michelmore yn cyflwyno.

Aethpwyd â gwerth £2 filiwn o offer y BBC i Gaernarfon ar gyfer y digwyddiad. Roedd o leia 20 fan darlledu allanol a rhyw bum milltir o gêbl camerâu. Rhan newydd o'r offer oedd yr uned recordio lliw arbennig, un batri a wisgid ar gefn y dyn camera – y 'man pack'.

Roedd gan radio ei le yn y digwyddiad hefyd. Darparwyd sylwebaeth fyd-eang yn Saesneg gan BBC World Service, ac adroddiadau mewn 38 o ieithoedd tramor ar wasanaethau allanol eraill y BBC.

Roedd camerâu BBC Cymru wrth law i ddarllediad ymweliad y Pab John Paul II â Chaerdydd yn 1982, o'r eiliad y glaniodd ym maes awyr Caerdydd, hyd at yr Offeren yng nghaeau Pontcanna, y rali ieuenctid ym Mharc Ninian a'i ymadawiad. Hwn oedd y darllediad allanol mwyaf ers yr Arwisgiad yn 1969.

BBC Wales broadcast in its entirety the visit of Pope John Paul II to Cardiff from his arrival at Cardiff airport to the papal Mass in Pontcanna fields, the youth rally in Ninian Park and the Pope's final departure. It was the largest outside broadcast since the Investiture in 1969.

The Pope arrives at Ninian Park for a Youth Rally during his visit to Cardiff in 1982.

Y Pab yn cyrraedd Parc Ninian ar gyfer rali ieuenctid yn ystod ei ymweliad â Chaerdydd.

Here is today's news . . .

MAIN PICTURE: Wales Today presenter Brian Hoey with JBG Thomas, then sports correspondent of the Western Mail, in 1962.
LEFT: News presenters Vincent Kane in 1963 (top) and John Darran in 1964 (below).

PRIF LUN: Cyflwynydd Wales Today Brian Hoey gyda JBG Thomas, gohebydd chwaraeon y Western Mail, yn 1962.
CHWITH: Y cyflwynwyr newyddion Vincent Kane yn 1963 (uchod) a John Darran yn 1964 (isod).

THE broadcasting of news began on September 3, 1939, and for the first six months of the Second World War, the supply of news fell hopelessly below the capacity of the public to absorb it.

News bulletins became a familiar pattern: 7am, 8am, 1pm, 6pm, 9pm, with the 9pm getting the largest following. Now, of course, that main programme is at 10pm, reflecting changing lifestyles.

The BBC's listener research director in 1945 had some prophetic words to say: 'Is it purely fanciful to see in this phenomenon of news listening a common experience acting as a cohesive influence and making its own contribution to the national unity?'

By 1979 news gathering had become so sophisticated that for the first time viewers were able to see news as it happened. Live pictures can now be beamed from a miniaturised electronic camera direct to Broadcasting House in Llandaff. Live news reports from all parts of Wales are regularly used, as well as international reports from anywhere in the world.

DECHREUWYD darlledu newyddion ar Fedi 3, 1939, ac am chwe mis cyntaf yr Ail Ryfel Byd doedd y ddarpariaeth newyddion ddim yn agos at ddiwallu awch y cyhoedd amdano.

Daeth bwletinau newyddion yn batrwm cyfarwydd: 7am, 8am, 1pm, 6pm, 9pm, gyda'r olaf yn denu'r nifer mwyaf o wylwyr. Heddiw, wrth gwrs, darlledir y brif raglen newyddion am 10pm, sy'n adlewyrchu newidiadau yn ein patrwm byw.

Roedd geiriau cyfarwyddwr ymchwil gwrando'r BBC yn 1945 yn broffwydol: 'Ai gwamalu pur yw gweld y ffenomen hon o wrando ar newyddion fel profiad cyffredin yn gweithredu fel dylanwad unol ac yn gwneud ei gyfraniad ei hun i undod cenedlaethol?'

Erbyn 1979 roedd casglu newyddion wedi dod mor soffistigedig fel y gallai gwylwyr weld newyddion wrth iddo ddigwydd am y tro cyntaf. Erbyn hyn, gall lluniau byw gael eu taflu o gamera electronig bychan yn uniongyrchol i'r Ganolfan Ddarlledu yn Llandaf. Defnyddir adroddiadau newyddion byw o bob rhan o Gymru yn rheolaidd, yn ogystal ag adroddiadau rhyngwladol.

TREFN Y DYDD: Owen Edwards (chwith) yn paratoi cynnwys newyddion y dydd ar y rhaglen nosweithiol Heddiw gydag Ann Dwyryd, Hywel Gwynfryn a Harri Gwynn yn 1965.

ORDER OF THE DAY: Owen Edwards (left) prepares the day's running order on the nightly Heddiw programme with Ann Dwyryd, Hywel Gwynfryn and Harri Gwynn in 1965.

ISOD: R Alun Evans yn cyflwyno Heddiw yn 1972.

BELOW: R Alun Evans presents Heddiw in 1972.

YMUNODD Owen Edwards â'r BBC yn 1961 fel cyflwynydd *Heddiw*, y rhaglen gylchgrawn nosweithiol. Bu yn y swydd am bum mlynedd a hanner cyn dechrau gweithio fel Trefnydd Rhaglenni yn 1967. Yn 1970 fe'i penodwyd yn Bennaeth Rhaglenni Cymru, ac yn Rheolwr yn 1974. Ef, yn 1981, oedd Cyfarwyddwr cyntaf yr orsaf deledu Gymraeg gyntaf, S4C.

OWEN Edwards joined BBC Wales in 1961 as presenter of *Heddiw*, the evening magazine programme. In 1967 he became Programme Organiser, in 1970 he was appointed Head of Programmes Wales, and in 1974 Controller. When S4C, the first Welsh-language television channel, was launched in 1981, he became its first Director.

'Good evening . . .'

WALES TODAY, the nightly news magazine programme, is fed by the largest reporting team in the land outside London, seeking out all the news in the communities of Wales while also reporting on large international events and putting them into a Welsh context.

News always follows certain key principles so the programme will endeavour to do more than report on news stories, but dig deeper to find reasons, answers and solutions.

The team has also recently set about key stories like the appointment of Dr Rowan Williams as Archbishop of Canterbury, the extraordinary and unexpected success of the Welsh football team or Ron Davies's political and personal activities.

The programme, currently presented by Jamie Owen and Sara Edwards (above) celebrated its 40th anniversary in 2002 and was recently awarded the RTS Best Regional News Programme for chief reporter Penny Roberts's work over three years on the mass-murder at Clydach.

Michael Aspel (right) was BBC Wales's first newsreader, back in 1957. Aspel started his broadcasting career with the BBC in Cardiff, after a stint as a window dresser in a department store. 'They let me off to do five episodes of a six-episode live children's show but wouldn't let me do the whole thing,' he recalled. 'I had to choose between a career with the store and the BBC.'

As Michael's career flourished he became renowned for imitating accents – which even led to him standing in at the last minute for an actor in a Welsh-language programme.

BBC Cymru sy'n darparu newyddion S4C hefyd gyda'r rhaglen *Newyddion* nosweithiol. Dewi Llwyd a Garry Owen sy'n cyflwyno. Mae *Newyddion* yn gofalu bod yr holl ddigwyddiadau newyddion allweddol yn cael eu cynnwys, yn ogystal â digwyddiadau rhyngwladol fel rhyfeloedd neu etholiadau arlywyddol yn America.

Mae'n debyg bod newyddiadurwyr Cymraeg yn enwog am eu tymer wyllt. 'Weithiau roeddwn i'n gorfod gweiddi ar rywun i gael mynediad neu'r cyfle i ddefnyddio offer lloeren,' meddai Dewi Llwyd. 'Roeddwn i'n gweiddi go iawn un tro ac mi glywais i'r newyddiadurwr Charles Wheeler yn gofyn "Pwy yw'r Cymro gwallgo yna?"

BBC Wales also provides S4C's Welsh language news coverage with the nightly programme *Newyddion*. Presented by Dewi Llwyd, Garry Owen and others, *Newyddion* also ensures that all key news events are covered, as well as international events like international conflicts or presidential elections in America.

Welsh reporters are well-known in journalistic circles for their fiery temperaments, it seems. 'Sometimes I have to shout at someone to get access or a chance to use the satellite equipment,' said Dewi Llwyd. 'I was shouting a lot once and later heard the distinguished reporter Charles Wheeler asking: "Who is that mad Welshman?" '

MAE'R rhaglen newyddion ddyddiol *Wales Today* yn cael ei bwydo gan y tîm gohebu mwyaf ym Mhrydain tu allan i Lundain, gan ddod o hyd i'r holl newyddion sy'n berthnasol i gymunedau Cymru a rhoi digwyddiadau rhyngwladol amlwg mewn cyd-destun Cymreig.

Mae'r newyddion wastad yn dilyn rhai egwyddorion arbennig felly bydd y rhaglen yn ceisio gwneud mwy nag adrodd y stori, ond mynd o dan groen stori i ganfod rhesymau ac atebion.

Yn ddiweddar, bu'r tîm yn ymdrin â llawer o storïau allweddol fel penodiad Dr Rowan Williams yn Archesgob Caergaint, llwyddiant anhygoel ac annisgwyl tîm pêl-droed Cymru a bywyd gwleidyddol a phersonol Ron Davies.

Cyflwynwyr rheolaidd y rhaglen yw Jamie Owen a

Sara Edwards (gyferbyn, uchod) a dathlwyd pen-blwydd y rhaglen yn 40 yn 2002. Enillodd *Wales Today* wobr y Gymdeithas Deledu Frenhinol am waith y prif ohebydd Penny Roberts dros dair blynedd ar lofruddiaethau Clydach.

Michael Aspel (gyferbyn) oedd cyflwynydd newyddion cyntaf BBC Cymru, nôl yn 1957. Dechreuodd ei yrfa ddarlledu gyda'r BBC yng Nghaerdydd, ar ôl gweithio mewn siop fawr yn y dref. 'Mi ges i ganiatâd i wneud pum rhaglen mewn cyfres o chwech o raglenni byw i blant, ond heb adael i mi wneud y cwbl,' meddai. 'Roedd rhaid i mi ddewis rhwng gyrfa gyda'r siop neu gyda'r BBC.'

Roedd Michael yn adnabyddus am ddynwared acenion – yn wir mor dda oedd ei dalent y cymerodd ran unwaith mewn rhaglen Gymraeg.

Y diwrnod yr aeddfedodd newyddion, a'r byd yn wylo

Llun gan/Picture courtesy of Western Mail & Echo

ERBYN Hydref 21, 1966, bu'n glawio am bedwar niwrnod ym mhentref bach Aberfan, ac wrth i'r dŵr fu'n cronni yn y tip orlifo, cafodd miloedd o dunelli o laid eu hyrddio tua'r pentref gan lyncu popeth o'i flaen – a lladd 116 o blant ysgol a 28 o oedolion.

Danfonwyd timau newyddion yno o ledled Cymru, ac yna o Lundain a gweddill y byd i ymdrin â'r stori – stori a fyddai'n fyw iawn yng nghof y Cymry am byth. Roedd camerâu BBC Cymru ymhlith y cyntaf yno, a defnyddiwyd hofrennydd i ddangos y cwm a'r ysgol a ddifrodwyd.

Y rhain oedd y lluniau cyntaf i gyfleu maint y drychineb – lluniau dirdynnol o lowyr yn tyrchu drwy'r llaid, lluniau torcalonnus o'r rhieni yn aros i weld a oedd eu plant yn fyw a rhes o rieni yn aros eu tro yng Nghapel Bethania i adnabod cyrff eu plant, gan wybod o'r eiliad honno na fyddai bywyd fyth yr un peth wedyn.

Y noson honno, bu Brian Hoey yn cyfweld â llygad-dystion, a gellid gweld bod pawb yn fud ac wedi'u hysgwyd i'r byw; trigolion yn adrodd hanes y bore arswydus hwnnw, gan fethu'n lân â chredu beth oedd wedi digwydd.

Safodd Cliff Michelmore, y gohebydd newyddion profiadol, o flaen camera â dagrau yn ei lygaid ac yn ymladd i reoli'i anadl. 'Dydw i erioed yn fy mywyd wedi gweld unrhyw beth fel hyn, a gobeithio na wela i ddim byd tebyg eto chwaith,' dywedodd. 'Mae glowyr yn gyfarwydd â gweld glowyr eraill yn cael eu lladd yn y pyllau, ond mae'n rhaid mai dyma'r tro cyntaf i hyn ddigwydd i'w plant.'

Y tu ôl iddo, roedd y glowyr yn dal i rofio yn y llaid, weithiau'n rhoi'r gorau iddi am ryw 20 eiliad er mwyn ceisio clywed synau rhywun a oedd dal yn fyw. Roedd pob egwyl 20 eiliad yn teimlo fel oes – ugain eiliad o dorcalon yn llawn gobaith ac anobaith ar yr un pryd.

'Dyma'r diwrnod y daeth newyddion i'w lawn dwf yng Nghymru,' dywedodd un gohebydd. 'Ni allai neb gredu y gallent fod yn dyst i rywbeth fel hyn, ond roeddem yn gwybod hefyd fod yn rhaid i ni fod yn ddewr a bwrw ati. Aberfan oedd y drychineb fawr gyntaf, a chollwyd llawer o ddagrau bryd hynny – dagrau sy'n dal i syrthio hyd heddiw.'

The day news came of age and the world looked on in tears

ON October 21, 1966, it had been raining for four days and a massive build-up of water inside a tip exploded, sending thousands of tons of slurry hurtling down a slope, sweeping away a farm and sending chickens flying before ripping up a water main and crashing into a school, killing 116 children and 28 adults in a small village called Aberfan.

News teams were mobilised throughout Wales and then London and the world to cover this day which would live forever in Welsh infamy. BBC Wales was among the first there with cameras and microphones. A helicopter was brought in to show the valley and the destroyed school.

These would have been the first pictures to sear into the world's consciousness, unbelievable pictures of miners digging into the foul slurry in the rescue operation, pictures of heartbroken parents standing with handkerchiefs held to their lips as they waited to see if their own children were still alive and pictures of others queuing at Bethania Chapel, the Chapel of Death, waiting to identify the bodies of their own children laid out on the pews, looking down at those smashed bodies and knowing that they would never recover from that moment.

That night, Brian Hoey interviewed eye-witnesses as the tip flamed behind him and you could see that they were all still stunned by what had happened to them; how they were talking about that fateful morning but still couldn't quite believe it.

Cliff Michelmore, a news veteran, stood in front of a camera with tears in his eyes and struggling to control his breath. 'Never in my life have I ever seen anything like this and I hope I never see it again,' he declared. 'Miners are familiar with having a roll call of their own dead, but this must be the first time that it has happened to their children.'

Behind him the miners were still digging into the slurry, occasionally calling a halt to their work for around 20 seconds to listen out for the sounds of survivors. Those 20-second breaks were the longest that any could remember; they were full of heartbreak as everyone knew that nothing would ever be the same again.

'It was the day that news came of age in Wales,' said one reporter on the scene. 'No one believed that we would ever see something like this and, when we did, we all knew we would just have to grow up and get on with it. Aberfan felt like the first great disaster and a lot of tears were shed then and continue to be shed to this day.'

THIRTY three years later, on September 11, 2001, the BBC's North America business reporter Stephen Evans was in the foyer of the World Trade Centre in New York, getting ready to do an interview on the economy. 'I heard a noise like a skip full of concrete fall down from high, and saw smoke in the piazza between the two buildings. The crowd was standing completely still, looking up in the air, without any feeling of danger.' Within seconds he was inside the nearest shop, reporting to the BBC in London on what was happening.

'Then the second plane struck and the newsagent got frightened. I was on air when he said, 'You've got to go now'. I went to a nearby hotel and got a room with a view of the towers and continued to broadcast from there. When they collapsed, the phone lines went dead.' Back in the London studio, a voice calmly said: 'We seem to have lost Stephen Evans in New York,' but in fact they thought he was dead. It was an hour-and-a-half before he managed to contact them again.

Stephen's video diary was broadcast in BBC Wales's *O Flaen Dy Lygaid* series on S4C, in which he says, 'The experience has improved me. I've grown up, I hope. Hope is the key word in this video diary.'

TRI DEG TRI o flynyddoedd yn ddiweddarach ar Medi 11, 2001, roedd Stephen Evans, gohebydd busnes Gogledd America y BBC, yng nghyntedd Canolfan Masnach y Byd yn Efrog Newydd yn barod i wneud cyfweliad am yr economi. 'Fe glywais sŵn fel sgip llawn concrit yn disgyn o'r awyr, a mŵg yn y *piazza* rhwng y ddau adeilad. Roedd y dyrfa'n sefyll yn gwbl stond ac yn edrych i'r awyr heb unrhyw deimlad o berygl.' Ymhen eiliadau, roedd mewn siop gyfagos, yn rhoi'r hanes i'r BBC yn Llundain.

'Yna fe darodd yr ail awyren, ac fe gafodd y siopwr fraw. Roeddwn ar yr awyr pan ddywedodd, "Rhaid i chi fynd nawr." Fe es i westy cyfagos a chael ystafell ag iddi olygfa o'r ddau dŵr, gan barhau i ddarlledu oddi yno. Pan syrthion nhw, fe dorrodd y llinellau ffôn.' Yn y stiwdio yn Llundain, dywedodd y cyflwynydd yn bwyllog, 'Mae'n edrych yn debyg ein bod ni wedi colli cysylltiad â Stephen Evans yn Efrog Newydd', ond mewn gwirionedd, roeddent yn credu ei fod wedi'i ladd. Bu'n awr a hanner cyn iddo lwyddo i gysylltu â nhw.

Darlledwyd dyddiadur fideo Stephen yng nghyfres BBC Cymru *O Flaen Dy Lygaid*, lle dywedodd, 'Mae'r profiad wedi fy ngwneud yn berson gwell. Rwyf wedi aeddfedu, gobeithio. Gobaith yw gair allweddol y dyddiadur fideo hwn.'

WEEK IN WEEK OUT, BBC Wales's flagship current affairs programme, which won a BAFTA Cymru award in 2002 for Best Current Affairs, has been exposing embezzlement, corruption, immorality and deceit since the early 1960s.

Hosted today by Louise Elliott, it has in its time been fronted by some of Wales's most skilled journalists, including Vincent Kane, John Humphrys, Phil Parry, Betsan Powys and Tim Rogers.

John Humphrys, now the grand inquisitor of BBC Radio 4's *Today* programme, was one of *Week In Week Out*'s early presenters, while his brother Bob carved out a parallel career as an investigative reporter for it. The show picked up a prestigious Royal Television Society Award for a film on drug running in West Wales.

'The award was for my work,' Bob explained in his deadpan way. 'John had to wait for his approaching dotage before his awards started coming in, probably more for longevity than anything else.'

John recently became the question master on BBC One's *Mastermind* while Bob is the eternally smiling sports correspondent for BBC *Wales Today*.

Louise Elliott's keen eye for a good story, together with a keen sense of adventure, makes her the ideal successor. A single phone call from a member of the public can spark a WIWO investigation, yet a story may not make it to the screen even after months of investigation.

'One story which sticks in my mind is an investigation into the safety of anti-depressants,' said Louise. 'We went all over the world to take on the pharmaceutical giants. It was a very important story to do because lots of people take anti-depressants without realising their side effects and the possibility of addiction.

'We got an unprecented response from viewers. We didn't realise how many people had been on such drugs at some point in their lives.'

Taro Naw is BBC Wales's Welsh-language current affairs programme which is made for S4C. The programme tackles a wide range of subjects ranging from the closure of the former Ferodo plant in North Wales which meant unemployment for many local people to an investigation into the existence of a mysterious creature in west Wales, the Beast of Bont. That programme took Tom Brown, one of the United States' leading animal 'trackers' to the area in a bid to solve the mystery.

Children, too, have their own news programme on S4C, *Ffeil*, also made by BBC Wales and presented by Mererid Wigley, Karen Peacock and Owain Evans. 'Presenting for children is a different skill from working on news for adults, and it's important that children do have programmes of their own,' says Mererid.

Ffeil is always aware that children watch adults' news programmes, too, and are quite sophisticated in their views, so the presenters must never talk down to them.

Ffeil presenters Owain Evans, Mererid Wigley (centre) and Karen Peacock.

Owain Evans, Mererid Wigley (canol) a Karen Peacock, cyflwynwyr Ffeil.

WEEK IN WEEK OUT presenter Louise Elliott.

Cyflwynydd WEEK IN WEEK OUT, Louise Elliott.

MAE *Week In Week Out*, prif raglen materion cyfoes BBC Cymru yn Saesneg, a enillodd gwobr BAFTA Cymru yn 2002 am Raglen Materion Cyfoes Orau, wedi bod yn dadlennu lladrad a thwyll, anfoesoldeb a dichell ers y 1960au cynnar.

Louise Elliott yw'r cyflwynydd presennol, ond bu rhai o brif newyddiadurwyr Cymru'n cyflwyno yn eu tro – gan gynnwys Vincent Kane, John Humphrys, Phil Parry a Betsan Powys. John Humphrys, arch-holwr rhaglen *Today* ar Radio 4, oedd un o gyflwynwyr cynnar *Week In Week Out*, tra llwyddodd ei frawd Bob i lunio gyrfa iddo'i hun fel newyddiadurwr ymchwil ar y rhaglen. Enillodd y rhaglen wobr y Gymdeithas Deledu Frenhinol am stori ynglŷn â gwerthu cyffuriau yng ngorllewin Cymru. 'Roedd y wobr am fy ngwaith i', meddai Bob gan lwyddo i gadw wyneb syth. 'Roedd yn rhaid i John aros i henaint gyrraedd cyn i'r gwobrau ddechrau llifo i mewn, gwobrau am ei hirhoedledd yn fwy na dim arall!'

Yn ddiweddarach fe ddaeth John yn holwr ar *Mastermind* ar BBC One a Bob yw wyneb llon chwaraeon ar BBC *Wales Today*.

Mae synnwyr Lousie Elliott am stori dda, ynghyd â'i hawch am antur,

wedi talu ar ei ganfed. Gall un galwad ffôn gan aelod o'r cyhoedd sbarduno ymchwiliad WIWO, er y gall stori weithiau fethu â'i gwneud hi i'r sgrîn hyd yn oed wedi misoedd o ymchwilio brwd.

'Un stori sy'n aros yn y cof yw ymchwiliad i ba mor ddiogel yw'r tabledi i drin iselder ysbryd,' meddai Louise. 'Fe aethon ni ar draws y byd i wynebu cewri'r byd fferyllol. Roedd hi'n stori bwysig iawn i'w gwneud oherwydd y nifer o bobl sy'n cymryd cyffuriau i ymladd iselder heb sylweddoli beth oedd y sgil-effeithiau a'r posibilrwydd o droi'n gaeth iddyn nhw. Cawson ni ymateb anhygoel. Doedden ni erioed wedi dychmygu bod cynifer o bobl wedi bod ar gyffuriau fel hyn rywbryd yn ystod eu bywydau.'

Cyfres arall sy'n parhau i ymchwilio'n ddidrugaredd gan gwestiynu a chwilota a rhoi'r darlun llawn, yn erbyn pob gwrthwynebiad a phwysau, yw *Taro Naw*, a gynhyrchir gan BBC Cymru. Yn y gorffennol, mae'r rhaglen wedi ymchwilio i bynciau niferus yn amrywio o gau ffatri Ferodo yng ngogledd Cymru gan ddiswyddo nifer o bobl leol, i chwilio am 'fwystfilod' yng ngorllewin Cymru. Aeth y rhaglen â Tom Brown, traciwr anifeiliaid blaenllaw o'r Unol Daleithiau i geisio dod o hyd i'r gwir y tu ôl i Fwystfil Bont.

Yn fwy diweddar, mae'r gyfres, sy'n cael ei chynhyrchu gan adran Materion Cyfoes BBC Cymru, wedi bod yn edrych ar bryderon pobl am ddyfodol Ynys Enlli, pryder am ddiogelwch bysiau ysgol ac effaith cau ysgolion bychain ar ardaloedd gwledig.

Mae BBC Cymru hefyd yn cynhyrchu rhaglen newyddion yn arbennig ar gyfer plant, *Ffeil*, a ddarlledir ar S4C. Y cyflwynwyr yw Mererid Wigley, Karen Peacock ac Owain Evans.

'Mae cyflwyno ar gyfer plant yn grefft wahanol iawn i weithio ar newyddion ar gyfer oedolion, ac mae'n bwysig bod plant yn cael eu rhaglenni eu hunain,' meddai Mererid.

Brothers Bob (right) and John (left) Humphrys discuss that night's programme with producer Jeffrey Iverson.

Y brodyr Bob (dde) a John (chwith) Humphrys yn trafod gyda'r cynhyrchydd, Jeffrey Iverson.

Vincent Kane

VINCENT KANE made his first appearance in public in Wales in the early 1960s in the students' union in Cardiff University.

Fellow students, including Neil Kinnock, Craig Thomas, Ian Edwards and Owain Arwel Hughes, could all see that he had an exceptional talent, particularly as a public speaker, since he made off with the *Observer Mace* individual speaking award twice and won *The Sunday Times* best individual actor award.

After graduating he joined BBC Wales as a reporter covering stories such as the Port Talbot steel strike. 'English folk have a fixed idea of Wales as being somewhere between Max Boyce and *Under Milk Wood*,' he said. 'One of my first television assignments, in 1963, was to report on an unofficial strike in the Valleys and the report was going to be shown on the *Nine O'Clock News*. From London came the instruction to shoot some footage of miners singing as they came up in the cages from the pit bottom.'

For close on 40 years he dominated the Welsh media, a serious-minded broadcaster who could probe politicians' pretensions mercilessly but who would also, when the mood took him, be as funny as the best stand-up comic.

Kane presented *Week In Week Out* for many years and has presented innumerable radio programmes for Radio Wales including *Meet For Lunch*. No subject escaped his cold gaze and sharp tongue. Now recently retired, no one can remember him ever being stuck for a word on anything.

GWNAETH Vincent Kane ei ymddangosiad cyhoeddus cyntaf yng Nghymru yn y 1960au cynnar yn undeb y myfyrwyr, Prifysgol Caerdydd. Roedd yn amlwg i'w gyd-fyfyrwyr, oedd yn cynnwys Neil Kinnock, Craig Thomas, Ian Edwards ac Owain Arwel Hughes, bod ganddo ddawn neilltuol, yn enwedig fel siaradwr cyhoeddus, gan iddo gipio gwobr siarad cyhoeddus yr *Observer Mace* ddwywaith ac ennill gwobr actor unigol gorau *The Sunday Times*.

Ar ôl graddio fe ymunodd â BBC Cymru fel gohebydd, gan adrodd ar storïau fel streic gwaith dur Port Talbot. 'Mae gan Saeson ddelwedd o Gymru fel rhywbeth rhwng Max Boyce a *Dan y Wenallt*,' meddai. 'Un o'm swyddi cyntaf ar y teledu, yn 1963, oedd gohebu ar streic answyddogol yn y Cymoedd, gyda'r adroddiad i'w ddarlledu ar y *Nine O'Clock News*. O Lundain, fe ddaeth cyfarwyddiadau i dynnu lluniau o lowyr yn canu wrth ddod lan o'r pwll glo.'

Am yn agos i 40 mlynedd bu'n farchog dewr yng ngêm gwyddbwyll y cyfryngau Cymreig, darlledwr difrifol allai brocio ymhoniadau gwleidyddion yn ddi-drugaredd, ond a allai fod mor ffraeth â digrifwr pan fyddai galw am hynny.

Kane oedd wyneb *Week In Week Out* am flynyddoedd lawer, yn ogystal â chyflwyno nifer o raglenni Radio Wales gan gynnwys *Meet For Lunch*. Doedd yr un pwnc yn osgoi ei dreiddgarwch a'i dafod llym. Er iddo ymddeol yn ddiweddar, mae'n parhau i gael ei gofio am gysondeb ei ymateb sylwgar a'i sylwadau beiddgar.

Y GARRYFAN

BBC radiocymru

IF a reporter wants to know exactly what the viewers and listeners think, how better to find out than to go out and about in a caravan? That's what GARRY OWEN (left) did before the recent National Assembly elections in his trusty Garryfan. He brought daily reports from all over Wales and presented a picture of the mood of the nation.

OS yw gohebydd am wybod yn union beth yw ymateb gwylwyr a gwrandawyr, rhaid mynd i'w holi, a dyna'n union wnaeth GARRY OWEN (chwith) adeg etholiadau'r Cynulliad Cenedlaethol yn ddiweddar. Wedi mabwysiadu carafan a'i hail-enwi'n Garryfan, teithiodd ar hyd a lled Cymru gan adrodd yn ôl yn fyw, yn ddyddiol, i brif raglen newyddion y dydd gan greu darlun byw o deimladau a deisyfiadau'r genedl.

BBC Wales's commitment to coverage of the National Assembly for Wales is far reaching: from broadcasting the day's debates from the chamber on S4C2, to special programmes on both radio and television and updated news on BBC Cymru'r Byd, the Welsh on-line news service. Senior political correspondent RHUN AP IORWERTH (right) also co-presents The Politics Show with Jeremy Vine on BBC One.

MAE ymrwymiad BBC Cymru i ddarlledu o Gynulliad Cenedlaethol Cymru yn bellgyrhaeddol: o ddarlledu dadleuon y dydd o'r siambr ar S4C2, i raglenni arbennig ar radio, teledu a'r newyddion diweddaraf ar BBC Cymru'r Byd, y gwasanaeth newyddion ar-lein. Mae'r uwch-ohebydd gwleidyddol RHUN AP IORWERTH (dde) hefyd yn cyd-gyflwyno The Politics Show gyda Jeremy Vine ar BBC One.

FEW politicians are able to avoid BBC Wales Political Editor DAVID WILLIAMS' (left) searching questions, or shake him off once he's determined to get an answer. 'It's hugely challenging,' he said, 'but that's the buzz isn't it? That's what appeals to me. I hope Dragon's Eye is relentlessly enquiring, that it has the feel of a programme about the highs and lows, the tensions and treachery which lie just under the surface of a world occupied by driven people.

'We make it interesting because we tell it as it is. We're not afraid to go out and say, "look, there's something wrong here and we want to know what it is". We have an obligation, as programme makers, to articulate the arguments for the audience.'

PAN fydd DAVID WILLIAMS wrth y llyw, does ond un ateb cywir, sef y gwir. 'Mae'n her anhygoel,' meddai'r gŵr o Drawsfynydd sydd byth yn bodloni ar hanner ateb. 'Ond dyna'r wefr. Dyna sy'n apelio ata i. Dw i'n gobeithio bod Dragon's Eye yn ymchwilio'n ddi-dostur, ei bod yn teimlo fel rhaglen am uchelfannau ac isafbwyntiau, am y dichell a'r tyndra sydd o dan yr wyneb ym myd pobl sy'n cael eu gyrru gan uchelgais. Rydyn ni'n ddifyr am ein bod yn ddi-flewyn ar dafod. Mae dyletswydd arnon ni, fel cynhyrchwyr rhaglenni, i leisio dadleuon ar gyfer ein cynulleidfa.'

Whatever makes you smile . . .

BETWEEN his disappointment at losing the 1992 general election and his appointment as one of Britain's two European Commissioners, Neil Kinnock turned to broadcasting. From the *Jimmy Young* programme on Radio 2 through BBC Two's *Tomorrow's Socialism*, and husband and wife routines with his wife Glenys, Kinnock claimed to have 'a lovely time'.

On BBC Wales in 1994 he hosted a chat show, *Six of One*, in which guests were asked to pick six favourite clips from BBC archives and explain why each excerpt was special to them. The guests included John Mortimer, Billy Connolly, Keith Floyd, Bill MacLaren, Trevor McDonald, Jo Brand, Prunella Scales and Sir Robin Day. 'Last year I was terrified, this year I was paralysed with fear,' Kinnock said of his twin experiences of hosting a talk show for the first time, and then hosting it for the first time in front of a studio audience.

He particularly enjoyed talking to his old sparring partner Sir Robin Day (above). 'The lovely thing is he started to interview *me* in the middle of the programme,' said Kinnock. 'But he complimented me afterwards on the way I turned it back, and suggested to me that we do a series called *Half a Dozen of the Other*.'

YN Y cyfnod rhwng y siom o golli etholiad cyffredinol 1992 a'i benodi yn un o ddau Gomisiynydd Ewropeaidd o Brydain, trodd Neil Kinnock at ddarlledu. O raglen *Jimmy Young* ar Radio 2, trwy *Tomorrow's Socialism*, ac ymddangosiadau gŵr-a-gwraig gyda Glenys, honna Kinnock iddo gael 'amser hyfryd'.

Yn 1994 fe gyflwynodd sioe sgwrsio *Six of One* ar BBC Cymru, lle roedd gofyn i bob gwestai ddewis chwe phwt o archif y BBC ac egluro pam eu bod mor arwyddocaol iddyn nhw. Roedd y gwesteion yn cynnwys John Mortimer, Billy Connolly, Keith Floyd, Bill MacLaren, Trevor McDonald, Jo Brand, Prunella Scales a Syr Robin Day. 'Y llynedd roeddwn i mewn braw, eleni rydw i wedi mharlysu gan ofn,' meddai Kinnock am ei ddau brofiad o gyflwyno sioe sgwrsio am y tro cyntaf, ac yna ei chyflwyno o flaen cynulleidfa stiwdio.

Cafodd fwynhad arbennig o sgwrsio gydag un yr oedd wedi hen arfer ymgecru ag ef, Syr Robin Day (uchod). 'Y peth hyfryd oedd iddo ddechrau fy nghyfweld *i* ynghanol y rhaglen,' meddai Kinnock. 'Ond fe ganmolodd fi wedyn am y ffordd y llwyddais i droi'r sgwrs yn ôl, ac fe gynigodd y gallen ni wneud cyfres ar y cyd o'r enw *Half a Dozen of the Other*.'

Rhoi gwên ar wyneb pawb . . .

TEITHIODD Elfed a Tracey Williams i Wlad Thai i nôl eu merch fach newydd a'i dwyn yn ôl i Gymru – taith hir ac emosiynol, gyda chamerâu *O Flaen Dy Lygaid* yn cofnodi pob cam. Penderfynu mabwysiadu ar ôl dysgu na fedrent gael mwy o blant eu hunain wnaeth Elfed a Tracey, o Landyrnog, ger Dinbych, a theimlo y byddent yn gallu helpu plentyn nad oedd ganddi lawer o ddyfodol pe byddai'n aros yn ei gwlad ei hun. Ymhen diwrnod o gyrraedd, roedd Sasi'n perthyn iddynt, a diddorol oedd gweld sut y bu i'r plentyn 16 mis oed nad oedd bron erioed wedi gadael y cartref plant ddod i arfer â'i rhieni newydd, gwlad newydd, teulu newydd ac iaith newydd.

ELFED and Tracey Williams went all the way to Thailand to meet their new daughter and to bring her home to Wales – a long and emotional journey, with the *O Flaen Dy Lygaid* cameras recording every step of the way. Elfed and Tracey, of Llandyrnog, near Denbigh, had decided to adopt after learning that they could have no more children of their own, and felt they could help a child who would have a poor future if left in her own country. Within a day of arriving, Sasi was theirs, and the film reveals how a 16-month-old child who had barely left her children's home adapted to new parents, a new country, new family and a new language.

CYN iddo adael y band, cymerodd Stuart Cable ychydig o seibiant o ddrymio i'r Stereophonics i gyflwyno ei sioe sgwrsio ei hun, gan wahodd pobl y gallai chwerthin gyda nhw, pobl a fyddai'n fodlon gwneud pethau annisgwyl ar yr awyr. Jonathan Davies a Damon Hill oedd dau o'r gwesteion nad oedd yn cymryd eu hunain ormod o ddifri, tra bo Stuart hefyd yn cynnwys 'cyngor' gan ei fam, Mabel Cable, a mynd â gwesteion am dro arbennig yn ei dacsi melyn o Efrog Newydd.

BEFORE he permanently left the band, Stuart Cable took time off from drumming for the Stereophonics to front his own unusual chat show, inviting people he could have a bit of a laugh with, and who were willing to play their part in some crazy antics on screen. Jonathan Davies and Damon Hill were typical guests, not taking themselves too seriously, while Stuart even included special 'advice' spots by his mum, Mabel Cable, and gave unique rides to guests in his New York taxi.

FRANCES DONOVAN (left) is a woman constantly on the move: from sports reporting to news reading, from presenting *History Hunters* to *Children in Need*, Frances loves action. 'History Hunters was an excellent way of learning about Wales, about people, about history, while enjoying yourself at the same time,' she said. 'Even getting soaking wet and cold with no shelter for miles could be a laugh when you're having fun.'

MAE FRANCES DONOVAN (chwith) yn ferch brysur: o ohebu ar chwaraeon i ddarllen y newyddion, o gyflwyno *History Hunters* i *Plant mewn Angen*, mae hi'n fywiog ac yn frwdfrydig. 'Roedd *History Hunters* yn ffordd ardderchog i ddysgu am Gymru, am bobl ac am hanes, gan fwynhau eich hun yr un pryd,' meddai. 'Mae hyd yn oed gwlychu a bod yn oer ac heb gysgod yn gallu bod yn bleser pan rydych chi'n cael hwyl.'

ROEDD gan ERIC JONES (dde) freuddwyd. Nid y freuddwyd fyddech chi'n ei disgwyl gan ddyn 61 oed, ond breuddwyd o neidio 3,212 troedfedd, ddwy waith uwch nag adeilad yr Empire State yn Efrog Newydd, o ben craig uwchben rhaeadr yn Venezuela. 'Rwyf wedi cael fy ngalw'n wallgo, o 'ngho, dewr, gwrol, ond dwi'm yn un o'r pethau hynny,' meddai. 'Dywedodd un o'm ffrindiau nad oedd pwynt marw gyda chorff oedd heb ei ddefnyddio, a felly dwi wedi byw.' Dangoswyd y paratoadau ar gyfer y naid, a'r naid ei hun, yn y ffilm *The Man Who Fell to Earth*, ac ers hynny mae Eric hefyd wedi neidio i mewn i ogof ddyfnaf y byd ym Mecsico, yn *The Man Who Jumped Beneath Earth*.

ERIC JONES (right) had a dream. Not the sort of dream you would expect of a 61-year-old man but a dream to jump 3,212ft, twice the height of the Empire State Building, from the top of a rock above a waterfall in Venezuela. 'I've been called mad, crazy, brave, heroic – but I'm none of these,' he said. 'But one of my friends once said it was no point dying with an unused body, and I suppose I've always lived up to that.' The BBC Wales film, *The Man Who Fell to Earth*, followed him as he prepared for and made the jump. It was followed recently by another jump and another programme – *The Man Who Jumped Beneath Earth* – this time into the deepest cave in the world, in Mexico.

BETTER known as one of the faces of *Wales Today*, news presenter JAMIE OWEN also has his own programme on Radio Wales and several successful series under his belt. One, *Jamie's Magic Islands*, took him in a traditional pilot cutter, the *Mascotte*, to six islands around the coast of Wales. Through the wildest storms and still waters Jamie, previously a fair-weather sailor, learnt a thing or two about boats, Wales and mostly himself. 'You get such a different perspective from the water. In this age of speed, of railways and motorways, not many of us travel in this slower way. We've lost the ability to stand and stare,' he said.

MAE wyneb JAMIE OWEN yn gyfarwydd fel cyflwynydd newyddion *Wales Today,* ond mae ganddo hefyd ei raglen ei hun ar Radio Wales ac mae wedi cyflwyno amryw o gyfresi ar y teledu hefyd. Aeth un, *Jamie's Magic Islands*, ag ef mewn llong hwyliau o'r enw *Mascotte* o gwmpas arfordir Cymru gan ymweld â chwe ynys. Trwy'r stormydd garwaf a'r dyfroedd tawel, fe ddysgodd Jamie, oedd gynt wedi hwylio mewn tywydd da yn unig, un neu ddwy o ffeithiau am gychod, am Gymru, ac yn bennaf amdano'i hun. 'Rydych chi'n cael golwg wahanol ar y dŵr,' meddai. 'Yn yr oes gyflym hon o reilffyrdd a thraffyrdd, does dim llawer ohonom yn teithio yn y modd arafach hwn. Rydym wedi colli'r gallu i oedi ac edrych.'

RADIO Wales's *The Dragon's Breath* traced the history of Welsh rock musicians. The series took producer Darren Broome two years to complete, involving 125 hours of tapes and 59 interviews. 'It was an emotional musical odyssey talking to stars like Manic Street Preachers' Nicky Wire about dedicating their album *Everything Must Go* to the workforce of Tower Colliery, where my father works.'

For Broome, a highlight was meeting Tom Jones. 'I also enjoyed a morning at home with Stuart Cable, and it was a journalistic dream to get an interview with the last surviving member of Badfinger, Mike Gibbins.'

ADRODDWYD hanes cerddorion Cymreig, o ddyddiau cynnar roc a rôl tan heddiw, yn *The Dragon's Breath*, ar Radio Wales.

Cymerodd y gyfres ddwy flynedd i'w chwblhau gan y cynhyrchydd Darren Broome, gyda 125 awr o ddeunydd ar dâp a 59 o gyfweliadau. 'Roedd hi'n daith gerddorol emosiynol – gan siarad â sêr fel Nicky Wire o'r Manic Street Preachers a gyflwynodd eu halbwm *Everything Must Go* i weithlu Glofa'r Tŵr, lle mae fy nhad yn gweithio.'

I Broome, yr uchafbwynt oedd cyfarfod â Tom Jones. 'Mi wnes i hefyd fwynhau bore yng nghartref Stuart Cable, ac roedd hi'n freuddwyd newyddiadurol cael cyfweld â Mike Gibbins, yr unig aelod o Badfinger sy'n fyw.'

1 Howard Marks 2 Richie Edwards 3 Stuart Cable 4 Mike Gibbins 5 Richard Jones 6 Cerys Matthews 7 Kelly Jones 8 Tom Jones 9 Brian Hibbard 10 Nicky Wire 11 John Cale 12 Charlotte Church 13 Shirley Bassey 14 Steve Strange 15 Alan Jones 16 Dave Edmunds 17 Andy Fairweather-Lowe 18 Bonnie Tyler 19 Huw Williams 20 Paul McCartney 21 Sian James 22 Mal Pope 23 Alison Statton 24 John Lennon 25 George Harrison 26 Euros Childs 27 Richie Vallance 28 Bryn Terfel 29 Howard Jones 30 H from Steps 31 Shakin' Stevens 32 Dafydd Iwan 33 Huw Edwards 34 Richard Parfitt 35 Matt Evans 36 Mary Hopkin 37 Ioan Gruffudd 38 Deke Leonard 39 Ron Davies 40 Max Boyce 41 Mike Peters 42 Graham Henry 43 Ringo Star 44 Gruff Rhys 45 Green Gartside 46 Mike Peters 47 Meic Stevens

BBC Radio Wales

John Roberts Williams

MAE sbectol John Roberts Williams wedi ei hanfarwoli am byth, diolch i'w lith wythnosol ar *Dros Fy Sbectol*. Am 7.55 bob bore Sadwrn bydd John Roberts Williams yn camu ar ei focs sebon i ddarlledu ar Radio Cymru. O'r ysgafn i'r difrifol mae'r sgwrs yn cyffwrdd â phob math o bynciau cyfoes, gyda'r darlledwr, nawr yn ei wythdegau, yn cael rhwydd hynt i gyflwyno ei farn a'i safbwynt ei hun.

Ond mae pris i'w dalu am bob enwogrwydd, ac mae hyd yn oed y sbectol ffyddlon wedi bod yn darged i feirniaid.

'Mi fydd 'na rai yn cwyno ac yn dweud, "Pam na sbïth o drwy ei sbectol weithia?" ond rhywbeth di-ddychymyg iawn i'w ddweud ydy hynny a fydda i ddim yn cymryd fawr o sylw.'

Mae dros 20 mlynedd ers i John Roberts Williams gytuno i ym-gymryd â rhaglen *Dros Fy Sbectol* yn Ionawr 1977, ar ôl ymddeol fel Pennaeth BBC Bangor. Ers hynny mae wedi llwyddo'n rhyfeddol i gyflwyno pob rhifyn yn ddi-dor gan deithio o'i gartref yn Llanrug i recordio'r rhaglenni yn BBC Bangor. Mae hefyd wedi recordio yn ystod ei wyliau ar hyd a lled y byd, a hyd yn oed ar wastad ei gefn mewn gwely yn Ysbyty Gwynedd.

JOHN Roberts Williams's spectacles have been immortalised thanks to his weekly programme *Dros Fy Sbectol* (Over My Specs) on Radio Cymru. At 7.55am each Saturday morning John Roberts Williams climbs on to his soap box to present his programme. From the light hearted to the serious, his talks touch upon a wide variety of topical subjects, with the broadcaster, now in his late 80s, having the freedom to present his personal points of view.

But there's a price to pay for such freedom, and even his faithful specs have become the target of some critics. 'Some people complain and say, "Why doesn't he look through his specs instead of over them sometimes?", but that's a pretty unimaginative viewpoint and I don't take any notice.'

John Roberts Williams agreed to take on *Dros Fy Sbectol* in January 1977, after retiring as Head of BBC Bangor. Since then he has managed to present the programme without a break, travelling from his home in Llanrug to record the programmes. He has also recorded his pro-grammes while on holiday in various parts of the world, and even once lying flat on his back in bed in Ysbyty Gwynedd.

Gerallt Lloyd Owen

DOES dim rhaid i chi wybod y gwahaniaeth rhwng croes o gyswllt a thraws fantach neu odl Wyddelig ac odl gyrch i fwynhau cwmni rhai o feirdd amlycaf Cymru yn arddangos eu crefft, ac yn hogi eu harfau geiriol ym mrwydr farddol *Talwrn y Beirdd*.

Gerallt Lloyd Owen yw'r Meuryn sy'n cadw llygad, yn tynnu coes ac yn canmol. 'Mae safon rhai o'r pethau yn wirioneddol wych yn y lleddf, ac yn wirioneddol ddoniol hefyd, a dwi'n gobeithio ein bod yn cadw'r cydbwysedd rhwng y digri a'r difri. Ond adloniant mewn un ystyr ydy barddoniaeth p'run bynnag,' meddai.

YOU don't have to know your *cywydd* from your *englyn*, or understand the technical intricacies of Welsh *cynghanedd* poetry to join in the fun, as some of Wales's most accomplished poets wage their war of words on the poetry competition, *Talwrn y Beirdd*.

Talwrn y Beirdd has been going strong for more than 20 years, hosted by the inimitable Gerallt Lloyd Owen, who keeps a watchful eye on the proceedings. 'The standard of some of the more serious poems are truly brilliant, and the humorous ones are really funny, and there's a healthy spirit to the competition, with everyone just like one big family,' he says.

YMYSG llu o orsafoedd radio yng Nghymru heddiw, dim ond un ohonynt sydd yn gyfan gwbl Gymraeg, sef Radio Cymru. Ganwyd Radio Cymru yn 1978, ac erbyn hyn mae'n darlledu am 20 awr y dydd, gan gynnwys rhaglenni i blesio pawb, o newyddion i gerddoriaeth bop, crefydd i raglenni adloniant, drama, rhaglenni nodwedd a chwaraeon. Dros y blynyddoedd mae amryw o gyflwynwyr wedi ennill edmygedd y gwrandawyr: pobl fel Hywel Gwynfryn, Sulwyn Thomas, Siân Thomas, Geraint Lloyd (uchod), Garry Owen, Gareth Glyn, Beti George, Dafydd Du, Eifion Jones, Nia Roberts a llawer mwy. Ond nid yw hi'n orsaf sy'n aros yn llonydd: o dro i dro daw newidiadau yn yr amserlen i adlewyrchu'r newidiadau yng ngofynion y gwrandawyr. Y newid diweddara yw *C2*, gwasanaeth newydd sbon sy'n cael ei ddarlledu'n fyw o Gaerdydd a Bangor rhwng wyth yr hwyr ac un y bore. Cerddoriaeth, sgyrsiau, newyddion, ceisiadau a chystadlaethau, gyda llu o gyflwynwyr poblogaidd – sy'n profi bod gan yr orsaf gynulleidfa ifanc a bywiog. Yn awr mae'n bosib gwrando ar Radio Cymru trwy Freeview, y rhwydwaith teledu digidol daearol sy'n rhad ac am ddim, yn ogystal â'r we.

AMONG the scores of radio stations in Wales today, only one broadcasts exclusively in Welsh – Radio Cymru. It was born in 1978, and now broadcasts programmes to suit everyone, from news to pop music, religion to entertainment programmes, drama, features and sports for 20 hours a day. Over the years many Radio Cymru presenters have earned respect and admiration from the listeners: people like Hywel Gwynfryn, Sulwyn Thomas, Siân Thomas, Geraint Lloyd (above), Garry Owen, Gareth Glyn, Beti George, Dafydd Du, Eifion Jones, Nia Roberts and many more. But Radio Cymru doesn't stand still: from time to time it changes its schedule to reflect the changing needs of the audience. The latest innovation is *C2*, which is broadcast live from Cardiff and Bangor between 8pm and 1am. It features music, chat, news, requests and competitions, with a host of popular presenters, proving that the station has a young and lively following. And now it's possible to listen to Radio Cymru through Freeview, the free digital terrestrial television network and on-line.

UCHOD: Garry Owen (Post Cyntaf), Siân Thomas, sydd â'i rhaglen ei hun bob dydd am ddau o'r gloch y pnawn, a Gareth Glyn (Post Prynhawn).

ABOVE: Garry Owen (Post Cyntaf), Siân Thomas, who has her own programme each weekday at 2 pm, and Gareth Glyn (Post Prynhawn).

DDE: Beti George, cyflwynydd Beti a'i Phobol

RIGHT: Beti George, presenter of Beti a'i Phobol

Chatting with friends on the air

ROY NOBLE can walk into any village square and be surrounded by 'friends' – listeners who regard him as one of the family.

Roy's morning show attracts more listeners than any other weekday show on BBC Radio Wales. With his homespun philosophy, friendly chat and middle-of-the-road music, listeners who phone in are instantly recognised, there are enquiries about husbands, children, nieces, nephews; careful questions about health and comments on their towns and villages. More often than not, Roy will have been out the night before at a village presentation somewhere in Wales, thus adding more and more members to his extended family.

Roy, who used to be a teacher before he took to broadcasting, also presents television series including ones on education, castles, the quirks of Welsh life and Welsh people abroad. In one of them, he visited the late Harry Secombe at his home in Majorca (above).

GALL Roy Noble gerdded i ganol unrhyw bentref a chael ei amgylchynu gan 'ffrindiau' – gwrandawyr sy'n ei ystyried yn un o'r teulu.

Mae rhaglen foreol Roy yn denu mwy o wrandawyr nag unrhyw sioe arall ar BBC Radio Wales. Gyda'i athroniaeth gartrefol, ei sgwrsio cyfeillgar, a'i gerddoriaeth ysgafn, mae'r gwrandawyr sy'n ffonio'r rhaglen yn cael eu hadnabod yn syth ac yna daw'r holi am wŷr, gwragedd, plant, neiaint a nithoedd; cwestiynau cynnil am iechyd a sylwadau am eu trefi neu bentrefi. Yn amlach na pheidio, bydd Roy wedi bod i ddigwydd-iad rywle yng Nghymru'r noson gynt, gan ychwanegu mwy a mwy at ei deulu estynedig.

Mae Roy, a arferai fod yn athro cyn dechrau darlledu, hefyd yn cyflwyno cyfresi teledu gan gynnwys rhai ar addysg, cestyll, nodweddion bywyd yng Nghymru a'r Cymry dramor. Yn ystod un rhaglen, talodd ymweliad â chartref y diweddar Harry Secombe ym Majorca (uchod).

AS A young reporter on *Wales Today* Nicola Heywood Thomas interviewed a 12-year-old girl who'd been winning all the talent competitions in Wales. She gave a rendition of *Hey Big Spender*. Her name? Catherine Zeta Jones.

Today Nicola (opposite) interviews dozens of people a week on her BBC Radio Wales daily show *Nicola Heywood Thomas* – the show she regards as the bringing together of all the best elements of broadcasting. 'It's live, it's unpredictable, it's varied and it gives me – and the listener – a wonderful cross-section of views about a huge range of subjects, from the serious to the light-hearted. Best of all I love to take the show out of the studio and meet the listeners. Many regulars turn up and it's great to put faces to names. It really is a Radio Wales community out there.'

Nicola began her career with BBC Wales as a filing clerk straight from university. Within months she was a researcher and then joined *Wales Today* where she trained as a journalist. While at HTV she worked on music programmes for BBC Radio 3, before returning to the BBC full time in 2001 to her first love – radio.

'It's so immediate and a far less cumbersome medium than television. We have several regular contributors like Tony Benn who is wonderful and senior White House corres-pondent Connie Lawn who is in regular communication. Another day we could be talking to Cilla Black or Phil Campbell, the guitarist from Motorhead – who happens to come from Pontypridd.'

FEL gohebydd ifanc ar *Wales Today* cafodd Nicola Heywood Thomas gyfweliad â merch ifanc 12 oed oedd yn ennill cystadlaethau di-ri am ganu. Daeth i'r stiwdio i ganu *Hey Big Spender*. Ei henw? Catherine Zeta Jones.

Heddiw mae Nicola (isod) yn cyfweld dwsinau o bobl bob wythnos ar ei rhaglen ddyddiol *Nicola Heywood Thomas* – rhaglen mae hi'n ei hystyried sy'n tynnu at ei gilydd elfennau gorau darlledu. 'Mae'n fyw, yn annisgwyl, yn amrywiol ac mae'n cynnig i mi – a'r gwrandawyr – drawsdoriad gwych o syniadau am lwyth o bynciau, o'r difri i'r ysgafn. Y peth gorau oll yw mynd allan o'r stiwdio i gyfarfod â'r gwrandawyr. Daw llawer o bobl sy'n cysylltu â ni yn rheolaidd i'n gweld, a da yw rhoi wynebau i'r enwau. Mae 'na gymuned Radio Wales gadarn yn bodoli.'

Dechreuodd gyrfa ddarlledu Nicola yn BBC Cymru fel clerc ffeilio, yn syth o'r brifysgol. Ar ôl ychydig fisoedd roedd yn ymchwilydd cyn iddi ymuno â *Wales Today* lle cafodd ei hyfforddi mewn newyddiaduraeth. Aeth i weithio i HTV, er iddi barhau i weithio i'r BBC, trwy wneud rhaglenni cerddoriaeth i BBC Radio 3, cyn ail-ymuno â'r BBC yn 2001.

Mae radio yn agos at ei chalon. 'Mae'n gyfrwng mor uniongyrchol, yn llai trwsgl na theledu. Mae gennym gyfranwyr cyson fel Tony Benn ac uwch-ohebydd yn y Tŷ Gwyn yn Washington, Connie Lawn, sy'n siarad â ni yn aml. Ar ddiwrnod arall fe allwn fod yn siarad â rhywun fel Cilla Black neu chwaraewr gitâr Motorhead, Phil Campbell, sy'n dod o Bontypridd, fel mae'n digwydd.'

OWEN MONEY (above) is one of those great entertainers who always gives the impression that he's enjoying every single moment of his life.

As a young man he helped his father-in-law to sell fruit and veg from a van around the streets of Merthyr Tydfil. 'When you sell stuff to people you've got to get them to like you, get them on your side. I learned how people like to be talked to – and when I became a comic I used that experience. I think the Welsh hate to be talked down to and when I'm on air I just talk to people as if they were there. I'm just an ordinary man.'

A lifelong fan of rock 'n' roll he still tours the clubs of south Wales with his band getting down to the Memphis basics although he is perhaps best known for his popular BBC Radio Wales shows *Money for Nothing* and *Owen Money*. 'Every time I perform it feels like the first time,' he says. 'The buzz is always there. It's just something you can never get blasé about.'

Owen has also presented several television shows including *American Money* and has launched many a career with his popular series *Just Up Your Street*.

MAE Owen Money (uchod) yn un o'r diddanwyr hynny sydd wastad yn rhoi'r argraff ei fod yn mwynhau pob munud o'i fywyd.

Pan oedd yn ifanc, rhoddai help llaw i'w dad-yng-nghyfraith i werthu ffrwythau a llysiau ar strydoedd Merthyr. 'Pan y'ch chi'n gwerthu pethau i bobl, rhaid i chi eu cael ar eich hochr chi. Fe ddysgais sut mae pobol yn hoffi i bobl eraill siarad â nhw; a phan ddês i'n ddigrifwr fe rois i'r profiad ar waith. Mae'n gas gan Gymry bobol sy'n siarad i lawr â nhw, a phan fydda i ar yr awyr rwy'n siarad gyda phobol fel pe baen nhw yna. Dim ond dyn cyffredin ydw i.'

Ac yntau'n ddilynwr cerddoriaeth roc a rôl ar hyd ei oes, mae'n dal i deithio clybiau de Cymru gyda'i fand yn lledaenu neges Memphis er mai am ei raglenni BBC Radio Wales *Money for Nothing* ac *Owen Money* y mae'n fwyaf cyfarwydd. 'Mae pob un perfformiad yn teimlo fel y tro cyntaf,' meddai. 'Mae'r *buzz* wastad 'na. Mae'n rhywbeth allwn i fyth fod yn *blasé* amdano.'

Cyflwynodd Owen ambell i raglen deledu, gan gynnwys *American Money* a lansiodd ambell i yrfa yn ei gyfres boblogaidd *Just Up Your Street*.

Alone in a Crowd

TELERI BEVAN interviewed Indira Gandhi for a television documentary called *Alone in a Crowd*. But, just as the programme was nearing completion news came of the assassination of Mrs Gandhi, and the programme was networked as a moving and appropriate tribute to her. The film was also purchased and shown in more than 20 countries.

Teleri was the first editor of Radio Wales, and at the time only the fourth woman to have risen to any high position in BBC Wales since it began – the others were Nan Davies, Mai Jones and Lorraine Davies.

Teleri for many years produced *Woman's Hour From Wales* and when Radio Wales was first aired in January 1977 she pioneered the successful *Nine Five* programmes. She became Deputy Head of Programmes, Wales, in 1981 and Head of Programmes, Wales, in 1985 preceding many women who have made their mark on the station. Today Radio Wales has another woman editor, Julie Barton.

CAFODD Teleri Bevan y cyfle i gyfweld Indira Gandhi ar gyfer rhaglen ddogfen o'r enw *Alone in a Crowd* (uchod). Ond wrth i gynhyrchu'r ffilm ddirwyn i ben, daeth y newyddion fod Mrs Gandhi wedi'i llofruddio. Dangoswyd ffilm Teleri ar y rhwydwaith, a hefyd prynwyd y rhaglen gan o leiaf ugain o wledydd.

Teleri oedd golygydd benywaidd cyntaf Radio Wales, a dim ond y bedwaredd ferch i'w phenodi i swydd uchel o fewn BBC Cymru ar y pryd – y lleill oedd Nan Davies, Mai Jones a Lorraine Davies.

Am amryw o flynyddoedd Teleri oedd cynhyrchydd *Woman's Hour From Wales*, a phan lansiwyd Radio Wales yn 1977 hi ddechreuodd y rhaglenni poblogaidd *Nine Five*. Cafodd ei phenodi'n Ddirprwy Bennaeth Rhaglenni, Cymru, yn 1981, a Phennaeth Rhaglenni, Cymru, yn 1985 gan ragflaenu llawer o ferched sydd wedi cael dylanwad ar yr orsaf.

Erbyn heddiw, merch sy'n rhedeg Radio Wales unwaith eto, sef Julie Barton.

THERE'S not a lot that Iolo Williams (below) doesn't know about birds. He used to be an RSPB Officer but became a television and radio star after he – and his legs – took part in the TV series *Visions of Snowdonia*. Now he's rarely off the air, in English and Welsh, and has presented several series on wildlife in general. But there's no sentimentality here: he is never shy of saying what he really thinks. Squirrels are rats in trees to him, sheep are woolly maggots and as for seagulls...

'I want to get people off their bums and outside,' he says. 'I'm very fortunate, I'm paid to enjoy my hobby and to learn about things that interest me.'

DOES dim llawer nad yw Iolo Williams (uchod) yn ei wybod am adar – arferai fod yn Swyddog gyda Chymdeithas Frenhinol Gwarchod Adar ond daeth yn seren teledu a radio wedi iddo ef (a'i goesau) gymryd rhan yn y gyfres deledu *Visions of Snowdonia*. Prin y mae oddi ar yr awyr nawr, yn Gymraeg ac yn Saesneg, ac mae wedi cyflwyno nifer o gyfresi ar fyd natur. Ond does dim sentimentaleiddio yma, ac mae wastad yn ddi-flewyn ar dafod. Iddo ef, llygod mawr y coed yw gwiwerod, mae defaid yn gynrhon mewn gwlân, ac am wylanod y môr...

'Dwi am gael pobol oddi ar eu tinau ac allan i'r awyr iach,' meddai. 'Dwi'n ofnadwy o lwcus, dwi'n cael fy nhalu i ddilyn fy niddordeb a dysgu pethau newydd sydd o ddiddordeb i mi.'

O NOS Lun tan nos Wener bob wythnos, o ddeg y nos tan un y bore, mae Chris Needs (isod) wrth ei fodd yn cyflwyno ei raglen ei hun ar Radio Wales, yn siarad, cellwair, chwarae cerddoriaeth ac, yn fwyaf pwysig, croesawu gwrandawyr i'r 'ardd'. Mae gan *Chris Needs's Friendly Garden Association Affiliated Ltd* erbyn hyn bron i 18,000 o aelodau, yn ogystal â 3,000 o anifeiliaid, ac mae'r aelodau'n tyfu'n ddyddiol.

Mae'r Clwb yn cael ei redeg o siop Chris ei hun, yng Nghwmafan, ger Port Talbot, ac mae gwrandawyr yn heidio yno i'w gyfarfod. 'Mae popeth yn gyfeillgar iawn,' meddai. 'Fe adawodd rhywun nodyn i mi un diwrnod yn gofyn i mi chwarae darn o gerddoriaeth i'w ewythr, ac ar ddiwedd y nodyn oedd y geiriau "plis nei di gadw dwy dorth i mi hefyd".'

EVERY weeknight on BBC Radio Wales, from 10pm to 1am, Chris Needs is in his element, fronting his own programme, talking, joking, playing music, and most important of all, welcoming listeners to his 'garden'. *Chris Needs's Friendly Garden Association Affiliated Ltd* now has nearly 18,000 members, plus 3,000 animals, and the numbers are growing daily.

Chris Needs operates his 'Club' from his own, real, shop in Cwmafan, near Port Talbot, where listeners often pop in to see him. 'It's all very down-to-earth and friendly. Someone left me a note asking me to play a certain record for their uncle and at the bottom of the note it said "and please keep two sliced loaves back for me".'

MR CYFFREDIN o Gaerdydd yw Frank Hennessy. Mae'n siarad ag acen Caerdydd drom, yn canu am gilfachau bywiog Caerdydd ac yn holl-wybodus am y gwahanol dafarndai yng Nghaerdydd lle mae i'w weld yn aml – yn enw ymchwil – yn mwynhau peint neu ddau.

Erbyn hyn bydd Hennessy'n gwneud llai a llai o gyngherddau cyhoeddus gyda'r Hennessys tra'i fod, meddai, yn dal i allu cerdded allan o'r neuadd gyngerdd heb help llaw. Ond mae ei ymroddiad tuag at Radio Wales a'i raglenni cerddoriaeth Geltaidd a'r iaith Gymraeg yn parhau.

'Rwy' wastad wedi bod yn un chwilfrydig,' meddai. 'Dydw i ddim yn cyfweld fel y cyfryw. Rwy jyst yn hoffi cael sgwrs. Ond mae rhai yn anoddach na'i gilydd. Roedd George Cole yn swil ac roedd hi'n frwydr i gynnal y sgwrs, ond ches i ddim cyfle i agor fy ngheg yng nghwmni Edward Heath.'

Cyflwynodd Frank hefyd raglen deledu, *Way Out West* (isod) lle teithiodd daleithiau deheuol yr UDA yn chwilio am gerddoriaeth werin gynhenid a chyfarfod ambell un o'i arwyr cerddorol ar y ffordd.

FRANK HENNESSY is the Mr Everyman of Cardiff. He talks in a broad Cardiff accent, sings about lively corners of Cardiff and knows a lot about the various pubs of Cardiff where he has been known to sink a glass or two.

Hennessy is winding down from public concerts with his band The Hennessys while, he says, he can still walk out of the concert hall unaided. But his commitment to Radio Wales and his programmes, which feature Celtic music and to the Welsh language, is continuing and real.

'I've always been inquisitive,' he says. 'I don't interview as such. I just like to have conversations. But some are more difficult than others. George Cole was shy and it was a struggle to keep that conversation going, but I couldn't get a word in edgeways with Edward Heath.'

Frank has also presented a television programme, *Way Out West* (above) in which he travelled the southern states of the USA in search of indigenous folk music, meeting some of his musical heroes along the way.

Alun Williams

Alun Williams (right) armed with gifts from Wales, is sent on his way around the world to meet Welsh exiles by Hywel Davies, Head of Programmes, Wales, in 1962.

Hywel Davies, Pennaeth Rhaglenni Cymru (chwith) yn ffarwelio ag Alun Williams wrth iddo gychwyn ei daith o amgylch y byd yn 1962.

YOU could say that Alun Williams invented chatting to people. He's been described as 'an uniquely gifted broadcaster' and those who had the honour of working with him remember laughter, fun and complete professionalism. The son of a Calvinistic Methodist minister, Williams had originally intended to enter the ministry himself, but found himself appointed Outside Broadcasts Organiser in 1946, and never looked back. He began by covering cricket for the Welsh Home Service in 1948, but did far more than sport: in 1953 he, along with Wynford Vaughan-Thomas, was part of the team which commentated in Welsh on the Coronation, and he was a regular at the National Eisteddfod.

Alun's Gorsedd name was Crwydryn (the Wanderer) and it was an apt name. He loved travelling and got a kick out of trying different modes of travel. He would hop on a train or a bus just for fun and he also loved boats and barges. On one occasion he even tried hitching a lift to an outside broadcast job in a remote part of Wales. The lorry driver who stopped for him was a little sceptical when his passenger reckoned he was on his way to present a programme for the BBC, and his colleagues equally surprised when their presenter arrived in such style.

GELLIR dadlau mai Alun Williams a ddyfeisiodd sgwrsio. Mae wedi'i ddisgrifio fel 'darlledwr dawnus digymar' a chofiai'r rhai a gafodd y fraint o weithio gydag ef am y chwerthin, yr hwyl a'r proffesiynoldeb llwyr. Mab i weinidog gyda'r Methodistiaid Calfinaidd (o Landeilo) oedd Williams, ac yn wreiddiol roedd yntau wedi bwriadu mynd i'r weinidogaeth hefyd. Ond fe'i cafodd ei hun yn drefnwr darlledu allanol yn 1946, a dyna ddechrau ar ei yrfa ddisglair. Dechreuodd drwy sylwebu ar griced yn 1948, ond fe wnaeth lawer mwy na chwaraeon: yn 1953, roedd yn aelod o'r tîm a sylwebodd yn Gymraeg ar y Coroni, ynghyd â Wynford Vaughan-Thomas, ac roedd yn wyneb cyfarwydd yn yr Eisteddfod Genedlaethol.

Enw gorseddol Alun oedd Crwydryn, enw priodol dros ben. Roedd wrth ei fodd yn teithio a chwiliai am ffyrdd newydd o deithio bob amser. Byddai'n mynd ar drên neu fws am hwyl ac roedd hefyd wrth ei fodd ar gwch a bad. Ar un adeg ffawdheglodd i'w waith yn cyflwyno rhaglen allanol mewn man anghysbell yng nghanol Cymru. Roedd gyrrwr y lori'n amheus pan glywodd fod ei gyd-deithiwr ar ei ffordd i gyflwyno rhaglen i'r BBC, a'i gyd-weithwyr yr un mor amheus o'i weld yn camu o'r cab yn y fath steil.

Hywel Gwynfryn

IT's almost 40 years since Hywel Gwynfryn started working for the BBC on the evening news magazine *Heddiw*, in 1964. But it's 50 years since he made his first broadcast in the drama series *Teulu'r Siop*, which was recorded in Bangor, in 1953.

Everything he's done in his career has been people-oriented. *Sut D'ach Chi?* was his first programme in 1968, and *Helo Bobol* was launched in 1977. By now, Hywel has met and chatted with people from all over the world. Since the 1970s he's travelled to some unusual places, including Sarawak where he stayed with the Iban tribe, living as they do, eating their food, going hunting, sleeping on the floor, rising at 5am, shooting with a blowpipe and collecting poisons.

'I hate water, and at one point we went on a 70-mile journey in a low boat. On another occasion I had to cross a river by pulling on a rope, with a tyre around my middle. Since I was concentrating so much on making a programme I got through it. It was only later that someone pointed out that there were crocodiles in the water.'

Hywel is now filming his third series of *Ar Dy Feic*, meeting Welsh people who have emigrated to different parts of the world. 'I like to find out why they're there, how they've adapted and what kind of life they have in their adopted country.

'Of course people comment that I'm well paid just to chat and ask questions. But I say that listening is the most important thing.'

MAE hi bron yn 40 mlynedd ers i Hywel Gwynfryn ddechrau gweithio i'r BBC, ar y rhaglen *Heddiw*, yn 1964. Ond mae hi'n 50 mlynedd ers iddo ddarlledu am y tro cyntaf – yn ôl yn 1953, yn y ddrama gyfres *Teulu'r Siop*, oedd yn cael ei recordio ym Mangor.

Pobl yw'r llinyn cyswllt yng ngyrfa Hywel. *Sut D'ach Chi?* oedd enw un o'i raglenni cyntaf, yn 1968, ac fe lansiwyd *Helo Bobol* yn 1977. Erbyn hyn mae Hywel wedi cyfarfod a sgwrsio â phobl o bob cwr o'r byd. Ers y 1970au mae wedi teithio i lefydd anghysbell, gan gynnwys un tro i Sarawak lle bu'n aros gyda llwyth yr Iban am gyfnod, yn byw eu bywyd, bwyta eu bwyd, hela, cysgu ar y llawr, codi am bump o'r gloch y bore, saethu *blowpipe* a chasglu gwenwyn.

'Dw i'n casáu dŵr, ac ar un adeg aethom am daith 70 milltir ar hyd afon mewn cwch isel. Ar adeg arall roedd rhaid croesi afon gan dynnu ar raff, gyda theiar rownd fy nghanol. Gan 'mod i'n canolbwyntio ar wneud y rhaglen, roedd hynny'n cuddio fy ofn – a dim ond wedyn ddeudodd rhywun wrtha i bod crocodeils yn yr afon.'

Erbyn hyn mae Hywel ar fin ffilmio ei drydedd gyfres o *Ar Dy Feic*, lle mae'n cyfarfod â Chymry a ymfudodd i wahanol wledydd. 'Ceisio darganfod y rhesymau mae pobl yn mynd, sut maen nhw'n addasu, sut fywyd sydd ganddyn nhw yn eu gwlad fabwysiedig.

'Wrth gwrs mae pobl yn deud wrtha i, "Dach chi'n cael eich talu'n dda 'mond am siarad a gofyn cwestiynau." "Na, 'mond am wrando", fydda i'n ateb.'

Hywel Gwynfryn in Patagonia and above (top), the young Heddiw reporter in 1964.

Hywel Gwynfryn ym Mhatagonia ac yn y llun bach yn ohebydd ifanc ar Heddiw yn 1964.

Gŵr Llonydd (A Quiet Man) by/gan John Gwilym Jones. From left / o'r chwith, Alun Owen; Richard Bebb; Rachel Thomas; Meredith Edwards; Siân Phillips.

Siân Phillips as Siwan and Clifford Evans as Llywelyn the Great in Saunders Lewis' drama Siwan, the story of the young wife of Prince Llywelyn and her adulterous relationship with William de Braose.

Siân Phillips fel Siwan a Clifford Evans fel Llywelyn Fawr yn nrama enwog Saunders Lewis, Siwan, hanes gwraig ifanc y Tywysog Llywelyn a'i pherthynas odinebus â Gwilym Brewys.

Siân Phillips as she is today.

Siân Phillips heddiw.

Brad (Treason) was written by Saunders Lewis about events in Paris and Normandy in July 1944, the time of the Generals' plot to assassinate Hitler. In this version, transmitted in 1959, Donald Houston played Colonel Karh, Siân Phillips was Countess von Distlof and Clifford Evans was Field Marshall von Kluge.

Brad gan Saunders Lewis – drama ynglŷn â digwyddiadau ym Mharis a Normandi ym mis Gorffennaf 1944, adeg cynllwyn y Cadfridogion i ladd Hitler. Yn y fersiwn hon, a ddarlledwyd yn 1959, Donald Houston oedd Cyrnol Karh, Siân Phillips oedd Iarlles von Distlof a Clifford Evans oedd Cadlywydd von Kluge.

Less than a decade later, a new production of Brad, shown on St David's Day, 1968, featured, from left, Islwyn Morris as Colonel Linstow, Philip Madoc as General Albrecht, Dillwyn Owen as General Blumentritt and Brinley Jenkins as General Stuelpnagel.

Cafodd fersiwn newydd o Brad ei dangos ar Ddydd Gŵyl Dewi 1968, gyda (o'r chwith) Islwyn Morris fel Cyrnol Linstow, Philip Madoc fel y Cadfridog Albrecht, Dillwyn Owen fel y Cadfridog Blumentritt a Brinley Jenkins fel y Cadfridog Stuelpnagel.

Siân Phillips

SIÂN PHILLIPS started broadcasting at the age of 11 after her mother had entered her and her best friend for the Dramatic Recitation for two, age 12-16, at the National Eisteddfod in Llandybïe. They won, Siân was spotted by the BBC and never looked back.

Eic Davies, her teacher at school who was himself doing some work for the BBC, took her under his wing. 'He was corpulent, with a noble head, a countryman's Welsh tweeds and knitted ties and he walked the school corridors as though he was walking the deck of a ship, an evil smelling pipe clamped between his teeth,' recalled Siân.

Although she was far too young to go into such places, Eic would sneak Siân into the BBC Club or the upstairs bar of the Park Hotel which was an unofficial annexe of the BBC in Park Place, so that she could savour the remarkable characters there.

'My very first under-age escapade was wonderful and I forgot my apprehension as Dylan Thomas and Gwyn Thomas filled the room with the kind of conversation I could never have imagined possible. But I was too nervous to have a conversation with them.

'I can only remember one conversation with someone famous – Richard Llewellyn, author of *High Wind in Jamaica*, advised me always to put Worcestershire sauce on everything.'

Gwenyth Petty, mother of BBC *Wales Today* news presenter Sara Edwards, was one of Siân's fellow junior actresses. They both remember actresses Rachel Thomas and Dilys Davies, who was always beautifully dressed, even for radio. 'She advised us always to be fully made up complete with scent and high heeled shoes,' remembers Siân, who in her teens was fast outgrowing the only tidy clothes she possessed – her school uniform.

Siân Phillips's career has taken her far away from Wales, yet she feels just as Welsh as she did as a little girl. She's as busy as ever and reckons she never thinks of the future.

'I've learnt to live without certainty, and I'm perfectly happy with that,' she says. 'I don't know what I'm going to do next and, to tell you the truth, I don't care.'

DECHREUODD Siân Phillips ddarlledu yn 11 oed ar ôl i'w mam roi enw Siân a'i ffrind ymlaen ar gyfer y gystadleuaeth Adrodd Dramatig rhwng 12–16 oed yn Eisteddfod Genedlaethol Llandybïe. Fe ddaeth y ddwy yn fuddugol, denodd Siân sylw'r BBC ac roedd ei gyrfa wedi cychwyn.

Eic Davies, athro Siân yn yr ysgol a oedd hefyd yn gweithio'n achlysurol i'r BBC, a gymerodd Siân o dan ei adain. 'Cawr o ddyn bonheddig, a Chymro mewn brethyn cartref yn cerdded coridorau'r ysgol fel pe bai'n gapten ar long gyda chlamp o bîb yn dynn rhwng ei ddannedd.'

Er ei bod yn llawer rhy ifanc i fynychu llefydd o'r fath, byddai Eic yn mynd â Siân i Glwb y BBC neu'r bar yng Ngwesty'r Parc, a oedd fel estyniad answyddogol i swyddfeydd y BBC yn Park Place, er mwyn iddi gael gwrando ar rai o'r cymeriadau rhyfeddol a arferai ymgynnull yno. 'Ro'dd fy antur cyntaf yn un cofiadwy, ac anghofiais am fy ofn wrth wrando ar Dylan Thomas a Gwyn Thomas yn sgwrsio mewn ffordd na chredais hi'n bosibl. Ro'n ni'n rhy nerfus i sgwrsio â nhw. Gallaf gofio un sgwrs yn unig gyda rhywun enwog – Richard Llewellyn – awdur *High Wind in Jamaica*, a'i gyngor i mi oedd y dylwn fwyta saws Caerwrangon gyda phopeth.'

Gwenyth Petty, mam Sara Edwards, cyflwynydd *Wales Today,* oedd un o gyd-actoresau ifanc Siân. Mae'r ddwy ohonynt yn cofio'r actoresau Rachel Thomas a Dilys Davies, a oedd bob tro yn gwisgo fel pin mewn papur, hyd yn oed ar gyfer y radio. 'Fe roddodd gyngor i ni wisgo'n drwsiadus ac i beidio ag anghofio'r persawr a'r sodlau uchel,' meddai Siân, a oedd ar y pryd yn tyfu'n gynt na'i hunig ddillad trwsiadus – ei gwisg ysgol.

Mae gyrfa Siân Phillips wedi mynd â hi'n bell o Gymru, eto, mae'n teimlo'n gymaint o Gymraes nawr ag y teimlai'n ferch fach. Mae Siân cyn brysured ag erioed ac nid yw byth yn meddwl am y dyfodol. 'Rwy' wedi dysgu byw heb sicrwydd, ac rwy'n gwbl fodlon 'da hynny,' meddai. 'Dw i ddim yn gw'bod beth rwy'n mynd i'w 'neud nesa', ac a bod yn onest, does dim ots 'da fi.'

I'R DDE: Gwenyth Petty fel Siwan a Conrad Evans fel Llywelyn (Siwan, 1969). Roedd Gwenyth a Siân yn gweithio gyda'i gilydd yn aml. Meddai Siân, 'Weithiau, bydden ni'n eistedd ar ochr y llwyfan i siarad a chwerthin. A bydden ni'n cael pryd o dafod; roedd e' mor ddrygionus â chwerthin yn y capel.'

RIGHT: Gwenyth Petty as Siwan and Conrad Evans as Llywelyn in Siwan, 1969. Gwenyth and Siân worked together a lot. 'Sometimes we would sit in the wings and talk and laugh. And we were told off; it was as sinful as laughing in chapel.'

The secrets of a drama set

THE RESCUERS: Glyn Houston hacks away at the coal face in a rescue operation in the play by Islwyn Williams, shown in 1965. The feeling of claustrophobia is evident, the anxiety in the body language of the men clear to see. But is it? Look below . . . It may look real but the coalface was created in a studio.

YR ACHUBWYR: Glyn Houston yn darnio'r talcen glo yn nrama Islwyn Williams a ddarlledwyd ym mis Rhagfyr 1965. Mae'r teimlad o glawstroffobia yn amlwg a'r pryder yn osgo'r dynion i'w weld yn glir. Ond tybed? Edrychwch isod . . . Mae'n edrych yn ddigon real, ond fe grëwyd y talcen glo yn y stiwdio.

'I WAS one of those lucky actors, there right at the beginning of television in Wales,' says Glyn Houston. 'It was all live, so already well-established actors wouldn't touch it – they hated the idea of live television and anyway, the pay wasn't good enough for them. I think I can claim to be the guest lead in the first soap ever in the UK – *The Grove Family* – for which I got paid the princely sum of 12 guineas.

'We worked in an old converted chapel in Broadway, Cardiff, with just two outside broadcast cameras mounted on bicycle tyres. Everything we did was networked and the critics loved it. I got some marvellous parts – I particularly remember *The Queen and the Welshman*.

'The directors had come from radio. Dafydd Gruffydd always had a black cigarette in his mouth. He didn't like moving cameras around, so the actors had to act within the viewfinder of the camera. One day, looking through the lens he saw that he had a square inch of space in the corner of the shot and he said to me, "Glyn, you're an experienced film actor, get your head into that corner of the shot."

'The other director, D H Thomas, was the opposite – he loved moving the cameras around and had every shot worked out to a T.

'The experience was great for me as a young actor, being around friends like Richard Burton and Stanley Baker and working with people like Clifford Evans. It was because Clifford fell ill that I was given my first big part – that of the choirmaster in *Valley of Song*.

'And life has a way of coming full circle – 20 years ago I was the narrator in *Under Milk Wood* and in the new production, which uses the narration done by Richard Burton in the 1954 production, I get to play Captain Cat, which I think suits me a lot better.'

Glyn Houston in A Light in the Valley, 2001, by Michael Bogdanov, about life and the decay of the Valleys

Glyn Houston yn A Light in the Valley, 2001, gan Michael Bogdanov, hanes y bywyd glofaol a dirywiad y Cymoedd

'ROEDDWN yn un o'r actorion lwcus hynny, yno ar gychwyn y diwydiant teledu yng Nghymru,' meddai Glyn Houston. 'Roedd y cyfan yn fyw, felly, roedd yr actorion a oedd wedi ennill eu plwyf yn osgoi'r cyfrwng fel y pla – roeddent yn casáu'r syniad o deledu byw a doedd y tâl ddim yn ddigon da. Rwy'n credu y galla' i ddweud mai fi oedd prif gymeriad drama sebon gyntaf y DU – *The Grove Family*, a chefais y swm anrhydeddus o 12 gini am y fraint.

'Roedden yn gweithio mewn hen gapel a drawsnewidiwyd yn Broadway, Caerdydd, gyda dim ond dau gamera wedi'u gosod ar deiars beic. Roedd popeth y byddem yn ei wneud yn cael ei ddarlledu ar y rhwydwaith, ac roedd y beirniaid wrth eu bodd. Cefais rai rhannau gwych – yn enwedig *The Queen and the Welshman*.

'Cyfarwyddwyr o fyd y radio oedden nhw. Roedd gan Dafydd Gruffydd sigarét ddu yn ei geg drwy'r amser. Doedd e ddim yn hoff o symud camerâu, felly, roedd yn rhaid i'r actorion berfformio o fewn i ffenest y camera. Un diwrnod, wrth edrych drwy'r lens, gwelodd fod ganddo fodfedd sgwâr o le yng nghornel y shot, a dywedodd wrtha' i "Glyn, rwyt ti'n actor profiadol, rho dy ben yng nghornel y shot".

'Roedd y cyfarwyddwr arall, D H Thomas, i'r gwrthwyneb – roedd wrth ei fodd yn symud y camerâu ac roedd wedi ystyried pob golygfa'n ofalus.

'I actor ifanc fel fi, roedd yn brofiad gwych – cael bod gyda ffrindiau fel Richard Burton a Stanley Baker a chael cydweithio â phobl fel Clifford Evans. Cefais innau fy rhan fawr gyntaf oherwydd bod Clifford yn sâl – rhan y côr-feistr yn *Valley of Song*.

'Ac mae bywyd yn dod â ni nôl mewn cylch – ugain mlynedd yn ôl, cefais ran y prif lais yn *Under Milk Wood*, ac yn y cynhyrchiad newydd sy'n defnyddio llais Richard Burton o gynhyrchiad 1954, rwy'n chwarae rhan Captain Cat – rhan sy'n llawer mwy addas i fi, dw i'n credu.'

How Green Was My Valley, 1960, by Richard Llewellyn and produced by Dafydd Gruffydd. Left to right, Glyn Houston as Davy, Hugh David as Owen and Eynon Evans as Gwilym, the father

How Green Was My Valley, 1960, gan Richard Llewellyn ac a gynhyrchwyd gan Dafydd Gruffydd. O'r chwith i'r dde, Glyn Houston fel Davy, Hugh David fel Owen ac Eynon Evans fel Gwilym, y tad.

Animeiddio, clasurol, cyfoes, dirgelwch, hanes a chomedi – drama yw bywyd

FROM TOP / UCHOD: The Corn is Green, Emlyn Williams: Joan Miller, Henley Thomas. Belonging; Owen Teale, Gwen Taylor. A Light on the Hill, Michael Bogdanov: Helen Griffin, Nia Roberts. The Squeeze, Harry Green: Stanley Baker, Jessie Evans.

BBC Wales's animated version of The Canterbury Tales. Straeon Caergaint, a animeiddiwyd gan BBC Cymru.

MAE taro deuddeg gyda drama deledu wastad wedi bod yn hynod o anodd. Mae pobl wedi dod ac wedi mynd, ond mae un o'r cyfarwyddwyr mwyaf difyr ac arloesol wedi gwneud llawer o waith arbennig i BBC Cymru. Ei enw yw Michael Bogdanov.

Yn wreiddiol o Gastell-nedd daeth Bogdanov yn ôl i Gymru dan gwmwl, ar ôl dadl enwog gyda Mary Whitehouse ynghylch ei gynhyrchiad dadleuol o'r ddrama *The Romans in Britain*.

Un o'i arbrofion theatrig mwyaf eithafol oedd mynd â Shakespeare i stadau cyngor Birmingham a strydoedd Butetown yng Nghaerdydd, lle llwyfannodd fersiwn anarferol iawn o *The Tempest* gan ddefnyddio pobl leol fel actorion ochr yn ochr ag actorion proffesiynol, yn adrodd eu llinellau yn eu hacenion eu hunain.

Rhoddodd cyfres arall o ffilmiau, *A Light in the Valley*, *A Light on the Hill* ac *A Light in the City*, gip anarferol a gweledigaeth ar fywyd ôl-ddiwydiannol Cymru yn ei amrywiol agweddau.

TELEVISION drama has always been fiendishly difficult to get right. People come and go but one of the most interesting and innovative directors in the land has made a body of remarkable work for BBC Wales. He is Michael Bogdanov.

Neath-born Bogdanov came back to Wales trailing clouds of controversy, particularly after a famous run-in with Mary Whitehouse over his controversial National Theatre production, *The Romans in Britain*.

One of his most radical theatrical experiments has been to take Shakespeare out into the council estates of Birmingham or the streets of Butetown in Cardiff, where he staged a very unusual version of *The Tempest* using locals as actors alongside the professionals, speaking their lines in their own accents.

Another series of films, *A Light in the Valley*, *A Light on the Hill* and *A Light in the City*, also showed an unexpected visual poetry and insights into the often-fractured life of post-industrial Wales.

Animation, classical, modern, mystery, historical and comedy – life is a drama

Dr Finlay's Casebook, Maigret, Testament of Youth, Madam Curie, Anne Frank, The Doctors, How Green Was My Valley, it's a long and distinguished list of credits for any writer. But for Elaine Morgan it's only a small part of her work. The woman from Hopkinstown studied English at Oxford in the 1920s, and has since written many best sellers and memorable productions for BBC Wales.

'When John Hefin took on the mammoth task of producing both *Off to Philadelphia in the Morning* and the *Life and Times of Lloyd George* in the late 70s there was only one screen writer who merited our serious consideration for the task,' said Geraint Stanley Jones, Controller of BBC Wales from 1981 to 1985, when he paid tribute to Elaine Morgan in the BAFTA Wales awards ceremony in 2003. 'I first met her at the end of the '50s, in what was then a powerhouse of network drama – the BBC's Broadway Chapel studio, when we were both working with the late, great, D J Thomas. I was in awe of her unassuming, homely brilliance.'

Dr Finlay's Casebook, Maigret, Testament of Youth, Madam Curie, Anne Frank, The Doctors, How Green Was My Valley, mae hon yn restr glodwiw i unrhyw awdur. Ond dim ond rhan fechan o waith Elaine Morgan yw hyn. Astudiodd y ferch o Drehopcyn Saesneg yn Rhydychen yn y 1920au, ac aeth ymlaen i ysgrifennu sawl llyfr llwyddiannus yn ogystal â gwaith cofiadwy i BBC Cymru.

Meddai Geraint Stanley Jones, Rheolwr BBC Cymru rhwng 1981 ac 1985 wrth dalu teyrnged i Elaine Morgan yn seremoni BAFTA Cymru yn 2002. 'Pan ddechreuodd John Hefin y dasg anferth o gynhyrchu *Off to Philadelphia in the Morning* a *The Life and Times of Lloyd George* yn y 70au, doedd ond un awdur ar gyfer y sgrîn fach i'w gysidro. Cyfarfûm â hi gyntaf yn y 50au, pan oedd Capel Broadway yng Nghaerdydd yn bŵerdy drama rhwydwaith y BBC, a ni'n dau'n gweithio i'r anfarwol a'r diweddar D J Thomas. Gallwn ond edmygu ei disgleirdeb diymhongar, cartrefol.'

Brwydrau bywyd

UCHOD: Dafydd Hywel yw Y Swagman o Geredigion yn nrama ddogfen Paul Turner am ffermwr o orllewin Cymru a adawodd ei deulu am bron i 30 mlynedd er mwyn byw ei fywyd fel swagman yn Awstralia.

ABOVE: Dafydd Hywel as the eponymous Swagman in Paul Turner's vivid drama documentary based on the real story of a west Wales farmer who abandoned his family in mid-life and went to Australia for nearly 30 years to be a swagman.

CHWITH: Betsan Llwyd a Huw Garmon sy'n chwarae'r ddau brif gymeriad mewn cynhyrchiad newydd o Y Tŵr, un o glasuron dramatig Gwenlyn Parry, awdur rhai o ddramâu mwyaf nodedig Cymru, gan gynnwys y comedïau Grand Slam a Fo a Fe. Talwyd teyrnged i Gwenlyn i nodi dengmlwyddiant ei farw trwy ail-ddarlledu pump o'i ddramâu a addaswyd ar gyfer y radio gan Lyn T Jones, sef Saer Doliau, Tŷ ar y Tywod, Y Ffin, Sál a Panto.

LEFT: Betsan Llwyd and Huw Garmon as the main characters in a new production of Gwenlyn Parry's classic play Y Tŵr (The Tower). Parry was the author of some of the best known Welsh plays, including the comedies Fo a Fe and Grand Slam. BBC Wales paid tribute to Parry on the tenth anniversary of his death by re-broadcasting five of his plays, adapted for radio by Lyn T Jones: Saer Doliau, Tŷ ar y Tywod, Y Ffin, Sál and Panto.

Relationships and personal turmoils

CHARLES Williams was a memorable Mr Lollipop, an old man who guides children across the road to school every day. He lived in the same house as a retired school teacher (Flora Robson) and together they created a fantasy world to alleviate their loneliness. The play was written by prolific writer Rhydderch Jones who wrote in English and Welsh, often writing with great insight about wronged people. His work included such well-loved series as *Fo a Fe* and he was also a scriptwriter on the evergreen *Pobol y Cwm*.

Jones trained as a teacher but left the profession in 1965 to join the Light Entertainment Department at BBC Wales in Cardiff. The head of department at the time, Meredydd Evans, describes his personality as 'magnetic'. Rhydderch was very much a product of his time discussing ideas over a pint at the BBC Wales Social Club. According to Julian Williams, set designer of many of Rhydderch's dramas, 'He belonged to that heavy drinking milieu who used to congregate in the BBC Social Club and down a sea of the hard stuff. These days, things are different – they're all on bottled water!'

CHARLES Williams yw Mr Lollipop, yr hen ŵr sy'n tywys plant ar draws y ffordd i'r ysgol bob dydd. Mae'n byw yn yr un tŷ ag athrawes wedi ymddeol (Flora Robson) a rhyngddynt crëant fyd ffantasi er mwyn lleddfu eu hunigrwydd. Ysgrifennwyd y ddrama gan Rhydderch Jones, awdur toreithiog yn y Gymraeg a'r Saesneg, a ysgrifennai â gweledigaeth am bobl oedd wedi cael cam mewn rhyw ffordd neu'i gilydd. Roedd ei waith yn cynnwys *Fo a Fe*, ac roedd hefyd yn sgriptio *Pobol y Cwm*.

Hyfforddwyd Rhydderch fel athro, ond gadawodd fyd addysg er mwyn ymuno ag Adran Adloniant BBC Cymru yn 1965. Dywed Meredydd Evans, pennaeth yr adran ar y pryd, amdano – 'roedd o fel magned i mi'. Roedd Rhydderch yn perthyn i'r criw hwnnw oedd yn hoff o gymdeithasu dros beint yng Nghlwb y BBC. Dywed Julian Williams, cynllunydd dramâu Rhydderch amdano, 'Roedd e'n perthyn i'r garfan yna o yfwyr trwm fyddai'n ymgasglu yng Nghlwb y BBC ac yn yfed môr o'r ddiod gadarn. Erbyn heddiw, mae pethau'n wahanol – dŵr potel fydd pawb yn ei yfed!'

CHWITH: Charles Williams yw Mr Lollipop MA, a Flora Robson yw ei gymydog.
LEFT: Charles Williams is Mr Lollipop MA, and Flora Robson is his neighbour.

ABOVE: Helen McCrory as Jo in Karl Francis' powerful drama Streetlife (1995) in which a young woman resolves to escape the treadmill of poverty and despair but finds her life spinning towards catastrophe.
TOP LEFT: Keith Allen faces personal problems when his new family relocates to Wales in Jack of Hearts.
LEFT: Neil Pearson plays a man whose family and business go down the tubes causing him to change into a messianic psychopath in Heaven on Earth.

UCHOD: Helen McCrory yn nrama bwerus Karl Francis, Streetlife.
UCHOD CHWITH: Keith Allen yn Jack of Hearts.
GWAELOD CHWITH: Neil Pearson yn Heaven on Earth.

O BLITH yr holl ddigrifwyr a diddanwyr ar gof a chadw yn archif BBC Cymru mae un a erys yn fytholwyrdd, a chred llawer na welwn ei debyg eto yng Nghymru.

Ef, wrth gwrs, yw Ryan Davies a gadwodd y genedl i chwerthin drwy'r 1960au a'r 1970au, un hanner y ddeuawd gomedi anfarwol Ryan a Ronnie. Roedd hefyd yn gerddor a chanwr dawnus. Bu farw yn 1977 yn 40 oed yn Buffalo, Efrog Newydd ac 20 mlynedd yn ddiweddarach fe gasglodd enwogion i dalu teyrnged iddo mewn rhaglen deledu arbennig. 'Mae gan Ryan le yng nghalonnau'r Cymry o hyd,' meddai cynhyrchydd y rhaglen honno, Cris Dafis. 'Byddai llawer yn dadlau ein bod eto i gynhyrchu diddanwr o'i ddawn a'i safon neilltuol.'

Meddai ei bartner, y diweddar Ronnie Williams: 'Ryan oedd un o'r bobol mwya' doniol i mi erioed ei gwrdd. Roedden ni'n dau o gefndiroedd tebyg, Ryan o Lanaman a finnau o Gefneithin, dau bentref glofaol, ac roedd ein hiwmor ni'n debyg. Weithiau roedden ni'n torri allan i chwerthin ar yr un eiliad ac roedd rhywbeth bron yn telepathig amdano. Os oedd Ryan yn gwneud *ad-lib*, roeddwn i'n gwybod yn union beth oedd am i mi ei ddweud wrth edrych arno.'

Mae Eiry Palfrey yn cofio gorfod cyhoeddi ei farwolaeth ar y newyddion. 'Yn sydyn mi wnes i sylweddoli beth oeddwn i newydd ei ddarllen. Mi ddechreuodd y dagrau lifo i lawr fy wyneb a doeddwn i'n methu eu rhwystro. Roedd hi'n sioc fawr a rwy'n credu bod pawb yn gwybod ble roedden nhw pan glywon nhw am farwolaeth Ryan.'

THE sharp, angular features of the comic genius, Ryan Davies, will live forever in the annals of Welsh television comedy and some say there will never be anyone like him.

He kept the nation laughing through the 1960s and 1970s and was best known for his BBC One series *Ryan and Ronnie* and the Welsh-language comedy series *Fo a Fe*. He was also a talented singer and songwriter.

He died in 1977 at the age of 40 in Buffalo, New York, and 20 years later stars gathered for a special television celebration of his work. 'Ryan still holds a place in the hearts of Welsh people,' said producer Cris Dafis. 'Many would argue that we've yet to produce another entertainer of his remarkable talent and calibre.'

His partner, the late Ronnie Williams, said: 'Ryan was the funniest man I ever met. We had a similar background, Ryan from Glanaman and myself from Cefneithin, two mining villages, and our humour was similar. Sometimes we'd burst out laughing at the same second and there was something telepathic about it. If Ryan was ad-libbing I knew exactly what he wanted me to say just by looking into his eyes.'

Newsreader Eiry Palfrey remembers having to read out the story of his death on the news. 'I then realised what I had just read. The tears started to roll down my face and I just couldn't stop them. It was a terrible shock and I think everyone remembers what they were doing and where they were when they heard about Ryan's death.'

LEFT/CHWITH: Ryan Davies
DDE/RIGHT: Ryan a/and Ronnie, Cowbois Cymru; Ryan Davies fel/as Twm Twm a/and Guto Roberts fel/as Tada yn/in Fo a Fe; Ryan a/and Max Boyce yn/in Poems and Pints, 1975; Ryan ym mhantomeim/in the Boxing day pantomime, Culhwch ac Olwen (1969) gyda/with, o'r chwith/from left, Olwen Rees, Ronnie Williams a/and Hywel Gwynfryn

A raunchy look at life

FIVE girls meet once a week in their favourite Italian restaurant to eat, drink and talk about men. Not Getting Any, written by Angharad Devonald, was raunchy, honest and funny and accurately reflected life for the 20- and 30-somethings in the new millennium. Ffion Williams (left) and Llinos Daniel were two of the friends.

MAE pum merch yn cyfarfod unwaith yr wythnos yn eu hoff fwyty Eidalaidd i fwyta, yfed a siarad am ddynion. Roedd Not Getting Any a sgrifennwyd gan Angharad Devonald, yn feiddgar, yn onest ac yn ddoniol ac yn adlewyrchiad real o ferched 20- a 30-rhywbeth y mileniwm newydd. Ffion Williams (chwith), a Llinos Daniel oedd dwy o'r ffrindiau.

In The Bench, written by Catherine Tregenna and starring Phillip McGough, Eluned Jones (right) and Lisa Palfrey, the action centred around the fortunes of the feckless, the flawed and the fraudulent as they faced up to their misdeeds at Penbridge Magistrates Court just as much as the regular characters – the magistrates themselves, the solicitors, the clerks. It took a wry, and sometimes hilarious, look at those from all walks of life who find themselves before the beak.

Yn The Bench, a ysgrifennwyd gan Catherine Tregenna, Phillip McGough sy'n chwarae rhan Cadeirydd yr Ynadon, gyda Lisa Palfrey (chwith) ac Eluned Jones yn ynadon. Drama yw hon am hanes pobl anffodus wrth iddyn nhw wynebu canlyniadau eu camweddau yn Llys Ynadon Penbridge. Dilynwyd hefyd helyntion cymeriadau rheolaidd y ddrama, sef yr ynadon eu hunain, y cyfreithwyr a'r clercod. Cymerodd y ddrama gipolwg craff, a hynod o ddigri weithiau, ar bobl o bob lefel o gymdeithas sy'n ymddangos o flaen eu gwell.

In 1996 Hywel Bennett (right) returned to Wales to star alongside Aneirin Hughes (centre) as the charismatic police duo Harpur & Iles in a two-part police thriller. If Bennett looked comfortable in uniform, it was no surprise, for he comes from a family steeped in the law enforcement business. His father was a policeman, his father's brother was a policeman and his father's father was a policeman.
   Harpur & Iles co-starred Patrick Robinson (left), best known as Ash in the top BBC drama series Casualty, as detective Francis Garland.

Dychwelodd Hywel Bennett (dde) i Gymru yn 1996 i actio rhan plismon yn y ddrama ddwy ran, Harpur & Iles. Ei gyd-actorion oedd Aneirin Hughes (canol) fel Harpur a Patrick Robinson (chwith), actor sy'n adnabyddus am ei ran yn nrama'r BBC Casualty, fel ditectif Francis Garland.
   Os oedd Bennett yn edrych yn gyfforddus yn ei lifrai, doedd hynny'n ddim syndod, oherwydd daw o deulu sy'n frith o aelodau'r heddlu. Roedd ei dad yn blismon, roedd brawd ei dad yn blismon ac roedd tad ei dad yn blismon.

UCHOD: Troi'r cloc yn ôl i anterth Streic y Glowyr ym mis Ionawr 1985 wnaeth ffilm bwerus John Owen, Streic (1996). Roedd y ffilm feiddgar yn mentro ail-greu gwrthdaro'r llinell biced, a'r ymrafael gwleidyddol a thrais, gan bortreadu'r gwrthdaro a'r grym a fu'n gweu trwy fywydau holl gymeriadau'r ddrama. Dorien Thomas yw Gerry (chwith) ac Aneirin Hughes yw Sgt Ron Evans.

ABOVE: From clashes on the picket lines to political intrigue, the conflicts and controversy of the 1984/85 miners' strike in South Wales were revisited in John Owen's hard-hitting film-drama Streic, first broadcast on BBC Radio Cymru before being adapted for the screen in 1996. Dorien Thomas plays Gerry (left) and Aneirin Hughes is Sgt Ron Evans.

RIGHT: Controversial author Irvine Welsh made his television debut with a hard-hitting, but hilarious, drama about sexually transmitted disease. Commissioned for BBC Wales's Social Action week, Dose had one clear message – if you're going to have sex, wear a condom. Lewis Owen, right, plays Anthony, a laminate floor salesman, and Kate Jarman is his wife Rhiannon. BBC Wales runs a Social Action Week every year. In previous years Stuart Cable, formerly of the Stereophonics, helped to publicise the need for men to check themselves for testicular cancer in the BLLCKS campaign, and another year warned and informed of the dangers of drug abuse.

DDE: Y tro cyntaf i'r awdur dadleuol Irvine Welsh ysgrifennu ar gyfer teledu oedd drama ddeifiol, ond hynod o ddoniol, am glefydau a drosglwyddir trwy ryw. Comisiynwyd Dose ar gyfer Wythnos Gweithredu Cymdeithasol BBC Cymru, ac roedd ei neges yn glir – os ydych am gael rhyw, gwisgwch gondom. Lewis Owen, i'r dde, sy'n chwarae rhan Anthony, gwerthwr lloriau pren a Kate Jarman yw ei wraig, Rhiannon. Mae Wythnos Gweithredu Cymdeithasol yn ddigwyddiad blynyddol i BBC Cymru. Yn y gorffennol bu Stuart Cable, gynt o'r Stereophonics, yn annog dynion i wylio rhag cancr y ceilliau yn ymgyrch BLCS a rhybuddiodd ymgyrch arall am beryglon cyffuriau.

'Nôl i'r oes o'r blaen

Back in time

AETH Gwyn Alf Williams ar daith i olrhain chwedl Arthur yn ei ddrama ddogfen *Excalibur*, a ffilmiwyd yn Gymraeg o dan y teitl *Caledfwlch*. 'Chwedl Arthur yw un o'r cylchoedd chwedl mwyaf yn Ewrop,' meddai ef. 'Mae Arthur yn sgubo drwy bob iaith Ewropeaidd, bron, i ddod yn arwr anfarwol i bob cenhedlaeth.'

Gwyn Alf oedd yn gyfrifol am sawl cynhyrchiad i BBC Cymru gan gynnwys *The Dragon Has Two Tongues*, *Cracking Up* a *Hughesovska and the New Russia*. Dangoswyd *Caledfwlch* ar S4C, a darlledwyd *Excalibur* ledled Prydain.

Dafydd Emyr gymerodd y brif ran. 'Roedden ni'n ffilmio golygfa ar Lyn Syfaddan ym Mannau Brycheiniog, lle roedd Arthur, wedi ei anafu, yn cael ei rwyfo gan Angau, cymeriad mewn clogyn hir, du, ar draws y llyn i Afallon. Ar lan y llyn roedd Gwyn Alf yn recordio darn i gamera. Yn anffodus roedd e'n cael trafferth gyda'i eiriau, a chan fod y gwynt mor gryf, roedd rhaid i Angau rwyfo gyda nerth pob gewyn i'n rhwystro ni rhag cyrraedd Afallon cyn pryd.'

GWYN Alf Williams' drama-documentary *Excalibur* took the author in search of the elusive legend of Arthur. 'The Arthurian legend is the largest cycle of legend Europe has ever known,' he said. 'Arthur sweeps through almost every European language to become an immortal hero in the minds of almost every generation.'

Gwyn Alf was also the author of several productions for BBC Wales including *The Dragon Has Two Tongues*, *Cracking Up* and *Hughesovska and the New Russia*.

Excalibur, filmed back-to-back in Welsh and English and shown on S4C as *Caledfwlch*, was screened throughout the UK.

Dafydd Emyr played Arthur. 'We were on Llangorse Lake in the Brecon Beacons filming a scene where the wounded Arthur is being rowed by Death, a character in a long black cloak, across the lake to Avalon. On the lake shore Gwyn Alf was doing a piece to camera. Unfortunately he kept coming unstuck, and the wind was so strong that Death ended up rowing for all he was worth to stop us being blown across to Avalon earlier than planned.'

CHWITH: Dafydd Emyr fel Arthur ac Athena Constantine fel Gwenhwyfar yn Caledfwlch, y ddrama ddogfen gan yr hanesydd a'r dramodydd Gwyn Alf Williams.

LEFT: Dafydd Emyr is Arthur and Athena Constantine is Guinevere in Excalibur, the drama documentary by historian and playwright Gwyn Alf Williams.

GYFERBYN UCHOD CHWITH: Hearts of Gold gyda Kate Jarman a Jeremy Sheffield.

OPPOSITE TOP LEFT: Hearts of Gold with Kate Jarman and Jeremy Sheffield.

OPPOSITE TOP RIGHT: Dyfan Roberts is William Jones, the eponymous hero in the adaptation of T. Rowland Hughes's much-loved novel.

GYFERBYN UCHOD DDE: Dyfan Roberts fel William Jones o'r nofel o'r un enw gan T. Rowland Hughes.

OPPOSITE: The series Drover's Gold was based on the drovers who used to drive their cattle hundreds of miles across Wales to get to the markets of London. Their lives were hard, money scarce and they would be away from home for weeks on end.

GYFERBYN: Seiliwyd y gyfres Drover's Gold ar yr hen borthmyn a arferai yrru gwartheg gannoedd o filltiroedd ar draws Cymru a Lloegr i fynd i farchnadoedd Llundain. Roedd eu bywydau'n galed, arian yn brin a byddent o'u cartrefi am wythnosau bwy gilydd.

Helyntion Cwmderi Tales

AR DDIWEDD rihyrsal cyntaf *Pobol y Cwm* yn festri Capel Ebenezer yng Nghaerdydd, yn 1974, meddai'r cynhyrchydd John Hefin wrth yr actorion, 'Nawr, os bydd y bennod hon yn dderbyniol gan y gwylwyr fe all y gyfres fynd ymlaen am rai wythnosau, efallai deg wythnos.'

Un o'r cymeriadau cynnar oedd Magi Post, sef y diweddar Harriet Lewis. Ar achlysur dathlu pen-blwydd y gyfres yn 21 oed, roedd hi'n llawn atgofion.

'Roedd yna droeon digri iawn yn y stiwdio weithiau, ond fe fyddai ambell i dro trwstan hefyd. Anghofia i byth un olygfa; Jacob Ellis (Dillwyn Owen) yn dod i mewn i'r siop i nôl tun o bys, a phob tro bydde fe'n dod i'r siop bydde fe'n moyn rhywbeth oddi ar y silff uchaf. Y bore hwn roedd Magi'n fyr ei hamynedd – lan â fi ar ben y *stepladder* – cydio mewn tun o bys, troi i'w ddangos i Jacob, ond fe syrthiodd y tun pys o'm llaw a lawr ag e ar ben yr hen Jacob.

'Tro arall, roeddwn i wedi gorffen "syrfo" cwsmer, a'r cwsmer wedi talu, a minnau'n rhoi'r arian i Sabrina (Gillian Elisa) gan mai hi oedd wrth y til. Rown ni wedi ei chlywed hi yn agor y til ond doedd dim sôn am y newid, a medde fi, "Sabrina, beth sy'n bod arnot ti ferch? Rho'r newid i Mrs Jones." "Alla i byth," medde Sabrina. "Sdim arian yn y til." Roedd y person oedd yn gyfrifol am y til wedi anghofio dodi'r arian i mewn.

'Mae un hanesyn trist. Roeddwn i a Charles Williams yn cerdded tuag at y set – hynny yw tuag at siop Magi Post – a dyma fe'n sefyll yn sydyn a dodi ei law ar fy ysgwydd. "Harriet," medde fe. "Un *take* heddi." Ac un *take* fuodd hi, ac ni welais mo Charles byth wedyn. Dyna'r tro olaf iddo fod yn y stiwdio.'

UCHOD: Harriet Lewis a Charles Williams fel Magi Post a Harri Parri – dau o gymeriadau cyntaf Pobol y Cwm. Ymhlith trigolion eraill Cwmderi: Cassie (Sue Roderick) yn ymuno â'r hwyl wrth gael tynnu llun arbennig ar gyfer calendr Pobol y Cwm yn 2000 a Sabrina (dde, Gillian Elisa, sydd erbyn hyn yn ôl yn y Cwm) a Megan (Lis Miles) a'i mab Gareth Wyn (Ioan Gruffudd), uchod.

FROM TOP: Harriet Lewis and Charles Williams as Magi Post and Harri Parri – two of Pobol y Cwm's first characters. Other residents of Cwnderi are Cassie (Sue Roderick, seen here gamely posing as a calendar girl in 2000); Megan and Gareth Wyn (Lis Miles and the young Ioan Gruffudd). RIGHT: Sabrina and Magi Post (Gillian Elisa with Harriet Lewis).

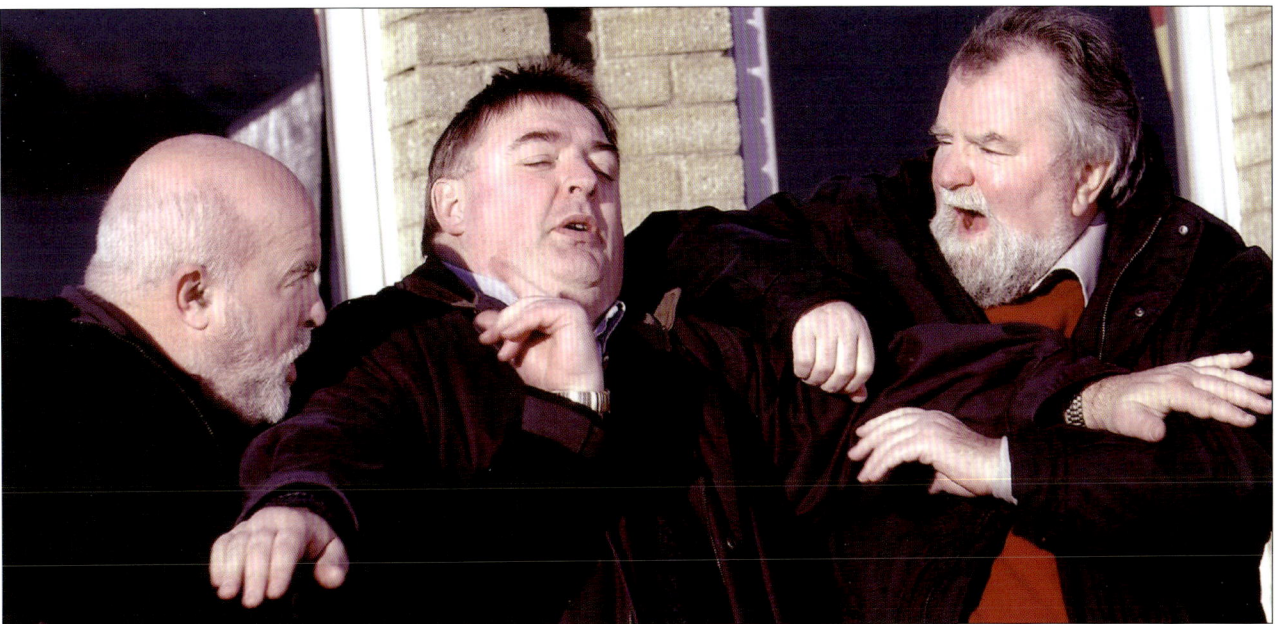

Dai, Denzil and Reg get to grips with each other. *Dai, Denzil a Reg yn 'trafod'.*

- *Pobol y Cwm* is the BBC's longest running television drama and after *Coronation Street* the second longest running series on British television. The first episode was shown on October 16, 1974.
- The show was broadcast on BBC Wales television until the launch of S4C in 1982, when it became an anchor of the Welsh-language channel.
- Since the introduction of English subtitles and the subtitled Sunday evening omnibus, *Pobol y Cwm* has attracted an increasing number of non-Welsh speakers, including BBC Radio 2's Jonathan Ross.
- Guest stars down the years include Max Boyce, Ray Gravell, Hywel Gwynfryn, wrestler Giant Haystacks and Jonathan Davies.
- *Pobol y Cwm* is filmed in a 5,000 sq ft studio at Broadcasting House, Cardiff, which also has a permanent exterior set of the main street.

- *Pobol y Cwm* yw drama deledu hynaf y BBC ac, ar ôl *Coronation Street*, cyfres ail hynaf teledu Prydain. Dangoswyd y rhaglen gyntaf un ar Hydref 16, 1974.
- Dangoswyd y sioe ar deledu BBC Cymru hyd at lansiad S4C yn 1982, pan ddaeth yn gonglfaen y sianel Gymraeg.
- Ers cyflwyno is-deitlau Saesneg a'r rhifyn omnibws ar y Sul, mae *Pobol y Cwm* wedi denu nifer cynyddol o wylwyr di-Gymraeg, gan gynnwys cyflwynydd BBC Radio 2, Jonathan Ross.
- Dros y blynyddoedd mae ymddangosiadau enwogion ar y gyfres wedi cynnwys Max Boyce, Ray Gravell, Hywel Gwynfryn, Giant Haystacks a Jonathan Davies.
- Caiff *Pobol y Cwm* ei ffilmio mewn stiwdio 5,000 troedfedd sgwâr yn y Ganolfan Ddarlledu, Caerdydd, sydd hefyd yn gartref i set allanol sy'n cynnwys stryd fawr Cwmderi.

AT THE end of the first rehearsal of *Pobol y Cwm* in the vestry of Ebenezer Chapel in Cardiff, in 1974, producer John Hefin said to the cast, 'Now, if this episode proves popular with the viewers, this series can go on for several weeks, maybe 10.'

One of the early characters was Magi Post, played by the late Harriet Lewis. When the programme celebrated its 21st birthday, she was full of memories.

'There were some hilarious moments in the studio, and quite a few awkward ones, too. I remember Jacob Ellis (Dillwyn Owen) coming in for a tin of peas, and every time Jacob came in he would always ask for something off the top shelf.

'On this day Maggie was fed up and up the stepladder I went, got hold of a tin of peas and turned around quickly to show it to Jacob. But the tin slipped from my hand and landed right on old Jacob's head.

'On another occasion I'd finished serving a customer, and the customer had paid and I gave the money to Sabrina (Gillian Elisa) who was standing by the till. I'd heard her opening the till but there was no sign of any change, so I said "Sabrina, what's the matter with you? Give Mrs Jones her change." "I can't," she said. "There's no money in the till".

'The person who was responsible for making sure there was money in the till had forgotten.

'There is one sad memory. I was walking with Charles Williams towards the set and suddenly he stood still and put his hand on my shoulder and said, "Just one take today, Harriet." And we did just one take, and I never saw Charles again. That was the last time he ever came into the studio.'

Gwyliwch hwn . . .

FROM animation to drama, comedy to cartoons, the award-winning BBC Wales promotions team have a way of making you keen to tune into programmes. An animated Jonathan Davies and Bill McLaren entice you to watch the rugby (above) while Gareth Edwards and Spike (Richard Nichols) do the same (opposite page, top). Dewi Pws and Phil Bennett are taking the mickey (centre) while Kelly Jones busks on BBC Wales's behalf (bottom). Far right; a fast moving sequence taken to publicise the popular music programme *The Pop Factory*, presented by Steve Jones.

MAE gan dîm hyrwyddo dawnus BBC Cymru sawl dull o fynnu eich sylw. Trwy gyfrwng animeiddio, drama, comedi a chartwnau, mae'r adran wedi ennill sawl gwobr am eu trêls teledu. Mewn cyfres o hysbysebion poblogaidd ar gyfer rygbi, daeth sêr fel Jonathan Davies a Bill McLaren (uchod), Gareth Edwards a Spike (Richard Nichols, gyferbyn, uchod), Phil Bennett a Dewi Pws (canol), a Kelly Jones (gwaelod) i'ch denu i wylio tîm Cymru yng ngornest y Chwe Gwlad. Dde pellaf: cyfres o olygfeydd chwim i hyrwyddo'r rhaglen gerddoriaeth boblogaidd, *The Pop Factory*, gyda Steve Jones.

STEVE JONES PRESENTS THE POP FACTORY

WEDNESDAY NIGHT 11.20
FRIDAY NIGHT 6.20

BBC TWO Wales

Getting out of the office

EVERY year, thousands of people around Wales get out the baked beans and put them in the bath for some hapless person to sit in, have their hair, beards or legs shaved, pledge to stop talking or to eat a hideous amount of boiled eggs – all for charity. The Children in Need telethon has been going strong for 24 years, and on the day last year the people of Wales raised £629,487, the highest total since 1996, despite the ever-increasing demands on people's donations to charity. Even normally sober and besuited BBC executives and presenters get in on the act: letting their hair down, or in the case of (opposite, bottom) joining the 'big hair do' theme of the other charity that the BBC supports – Comic Relief.

It's all part of showing that BBC Wales isn't just about making programmes in hidden-away studios: BBC Wales couldn't be a national broadcaster if it didn't go out and meet the people. And what better way than having a presence in all the major events of Wales, like the National Eisteddfod, the Brecon Jazz Festival, the Hay Festival, the Royal Welsh Show and many more.

BOB blwyddyn mae miloedd o bobl ledled Cymru yn rhoi tunelli o ffa pôb mewn bath er mwyn i rhyw greadur anlwcus eistedd ynddo. Neu maent yn eillio eu pen, eu barf neu eu coesau neu fwyta nifer dychrynllyd o wyau caled – i gyd er mwyn codi arian. Mae telethon Plant mewn Angen yn awr yn 24 oed, a llynedd codwyd £629,487 ar y noson, y cyfanswm mwyaf er 1996 yn wyneb galwadau cynyddol ar arian pobl.

Bydd darlledwyr sydd fel arfer yn drwsiadus a dwys hyd yn oed, yn ymlacio ac yn ymuno â'r hwyl. Yn y llun gyferbyn, isod, gwelwn Roy Noble, Jamie Owen, Vaughan Roderick a Chris Needs yn dangos sut aethon nhw i ysbryd diwrnod y gwallt gwyllt – thema elusen arall mae'r BBC yn ei chefnogi – Comic Relief. Mae hyn i gyd yn dangos mai nid gwneud rhaglenni mewn stiwdios diarffordd yn unig yw pwrpas BBC Cymru. Ni fyddai'r gwasanaeth yn gallu bod yn ddarlledwr cenedlaethol pe na byddai'n mynd allan i gyfarfod â'r bobl. A pha well ffordd i wneud hynny na chael presenoldeb ym mhrif ddigwyddiadau Cymru, fel yr Eisteddfod Genedlaethol, Gŵyl Jazz Aberhonddu, Gŵyl Lenyddol y Gelli, Sioe Amaethyddol Frenhinol Cymru, a llawer mwy.

Three little bears: Manon Williams (Head of Public Affairs), Menna Richards (Controller) and Clare Hudson (Head of English Language Programmes) play their part in raising money for Children in Need in 2001.

Y tair arth fach: Manon Williams (Pennaeth Materion Cyhoeddus), Menna Richards (Rheolwr) a Clare Hudson (Pennaeth Rhaglenni Saesneg) yn codi arian i Blant mewn Angen yn 2001.

BILL Clinton, former President of the United States, gave the BBC Cymru Wales World Lecture at the Hay Festival in 2001 – a real coup for BBC Wales. 'It was an incredible opportunity for BBC Wales to broadcast a lecture of worldwide importance from a festival acknowledged as one of the most important in Britain. Everything everyone heard around the world came via BBC Wales,' said Paul Islwyn Thomas, Head of Arts for BBC Wales. Ironically the subject of the lecture was conflict resolution – just four months before the events of September 11 changed the world.

Plant yr ardal yn cymryd rhan mewn lansiad Parti Ponty, achlysur blynyddol erbyn hyn ym Mharc Ynysangharad, Pontypridd.

Children of the area at the launch of Parti Ponty, an annual event held in Ynysangharad Park, Pontypridd .

BILL Clinton, cyn-Arlywydd yr Unol Daleithiau fu'n traddodi Darlith y Byd BBC Cymru yng Ngŵyl y Gelli yn 2001 – achlysur arbennig i BBC Cymru. 'Roedd yn gyfle anhygoel i'r BBC ddarlledu darlith o bwysigrwydd byd-eang o ŵyl a adwaenir fel un o'r pwysicaf ym Mhrydain. Roedd popeth glywodd pawb o gwmpas y byd yn dod trwy BBC Cymru,' meddai Paul Islwyn Thomas, Pennaeth Adran Celfyddydau BBC Cymru. Pwnc y ddarlith oedd datrys digofaint – dim ond pedwar mis cyn i ddigwyddiadau Medi 11 newid y byd.

Sain, cerdd a chân

Dafydd Rowlands yn cael ei anrhydeddu yn seremoni'r Coroni yn 1972.

Dafydd Rowlands honoured at the crowing ceremony in 1972.

MAE'N anodd iawn osgoi pobl BBC Cymru yn nigwyddiadau pwysicaf y calendr Cymraeg. Eisteddfod Genedlaethol heb Hywel Gwynfryn, Huw Llywelyn Davies a'r criw? Anhygoel. Miri Myrddin heb Dafydd Du? Na, byth. Eisteddfod yr Urdd heb Owain Gwilym? Amhosib.

Roedd y BBC yn awyddus i ddarlledu o'r Eisteddfod Genedlaethol o'r dyddiau cynnar – darlledwyd y Coroni o Eisteddfod Pont-y-pŵl yn 1924. Adeg Cyhoeddi Eisteddfod Abertawe yn 1925, cafodd yr achlysur sylw mawr, a darlledwyd pump o areithiau'r llywyddion o Eisteddfod Pwllheli yn 1925, ynghyd ag amryw o raglenni yn cynnwys enillwyr y cystadlaethau cerddorol.

Araith Lloyd George adeg Cyhoeddi Eisteddfod Genedlaethol Caernarfon yn 1934 yw'r recordiad hynaf sy'n ymwneud â Chymru yn archif y BBC.

Heddiw mae Radio Cymru yn darlledu gwasanaeth cynhwysfawr o'r Eisteddfod Genedlaethol, a BBC Cymru sydd hefyd yno'n cynhyrchu rhaglenni teledu ar gyfer S4C.

Dafydd Du, Geraint Lloyd, Kevin Davies, Nia Roberts ac Eifion Jones (Jonsi) yn yr/at the Eisteddfod.

Meic Stevens yn canu yng Nghyngerdd y Mileniwm gyda llu o wynebau Radio Cymru yn cyd-ganu gyda'r diddanwr bythol-wyrdd.

Evergreen entertainer Meic Stevens at the Millenium Concert along with a stage-full of Radio Cymru presenters.

IT'S highly unlikely that you'll avoid BBC Wales at the main events of Wales's cultural year. The National Eisteddfod without Hywel Gwynfryn, Huw Llywelyn Davies and the crew? Unbelievable. Miri Myrddin without Dafydd Du? No, never. The Urdd Eisteddfod without Owain Gwilym? Impossible.

The BBC was keen right from the start to broadcast from the National Eisteddfod, beginning with the Pontypool Eisteddfod in 1924 when the crowning ceremony was broadcast. When the 1926 Swansea Eisteddfod was proclaimed in 1925, the BBC gave it lots of attention, and at the Pwllheli Eisteddfod in 1925 five of the presidential addresses were broadcast. Many programmes followed featuring the winners of the musical competitions.

Lloyd George's speech at the Proclamation of the Caernarfon Eisteddfod in 1934 is the oldest surviving recording from Wales in the BBC archive.

Today the BBC broadcasts comprehensive coverage of the National Eisteddfod on Radio Cymru, and provides Welsh-language television coverage for S4C.

Hwyl a sbri ym Miri Myrddin – diwrnod o gerddoriaeth a darlledu arbennig o Gaerfyrddin.

Fun for all at Miri Myrddin – a day of music and broadcasting from Carmarthen.

Dafydd Du, Nia Roberts ac Eifion Jones

Jonsi

ERS 1995, pan ymunodd â BBC Cymru, mae Jonsi wedi rhoi ei stamp unigryw ar ddarlledu ar Radio Cymru: yn wir bron nad yw wedi cyflwyno iaith newydd i'r orsaf, gyda dywediadau a geiriau sydd erbyn hyn wedi eu mabwysiadu gan sawl gwrandäwr. Ganwyd Eifion Jones yn Nhregarth, ger Bangor, ac mae ei acen ogleddol gref, a'i allu i siarad yn rhwydd gydag unrhyw un sy'n codi'r ffôn, wedi ennill eu lle yng nghalon y gynulleidfa.

SINCE 1995 when he joined BBC Wales, Eifion Jones, or Jonsi as he is better known, has put his own unique stamp on broadcasting on Radio Cymru. Indeed he has almost introduced a new language to the station, with phrases and words which have now been adopted by listeners and used as part of the language. Eifion was born in Tregarth, near Bangor, and his strong north Wales accent, together with the ease with which he can strike up a conversation with anyone and everyone, have endeared him to the audience.

Nia Roberts

MAE Hywel Gwynfryn a Nia Roberts wedi creu partneriaeth lwyddiannus ar BBC Radio Cymru, er nad oedd Nia wedi ei geni pan ddechreuodd Hywel ddarlledu. Ond mae eu hiwmor a'u hagwedd at bethau'n ffitio fel maneg. Ar yr awyr o 10.30am tan 12.50pm, mae'r rhaglen yn cynnwys straeon diddorol o bob rhan o Gymru a thu hwnt. Mae cyfle i wrandawyr ddweud wrth Hywel a Nia beth sy'n digwydd yn eu hardal nhw, beth sy'n eu gwylltio a beth sy'n gwneud iddyn nhw chwerthin. Mae'r rhaglen yn defnyddio technoleg lloeren er mwyn darlledu o galon cymunedau amrywiol a dod â lleisiau ac acenion o bob math i'r tonfeddi i adlewyrchu amrywiaeth cymunedau Cymru.

HYWEL Gwynfryn and Nia Roberts have created a successful partnership on BBC Radio Cymru, and the pair's humour and attitude complement each other very well, despite the fact that Nia wasn't even born when Hywel made his first foray into broadcasting. Their programme, *Hywel a Nia*, is on air between 10.30am and 12.50 pm, and includes interesting stories from all part of Wales and beyond. Listeners can let Hywel and Nia know what's going on in their area, what makes them angry and what makes them happy. Satellite technology is used in order to broadcast from the heart of rural communities and brings varied voices and accents to the airwaves to reflect the wide variety of Welsh communities.

Dafydd Du

O ASTUDIO Astroffiseg i gyflwyno rhaglenni ar wasanaeth Radio Cymru, *C2* – dyna hanes gyrfa seren-wib Dafydd Du, neu Dafydd Meredydd, sy'n dod yn wreiddiol o Benisa'r-waun. Mae Dafydd erbyn hyn yn un o gyflwynwyr mwyaf poblogaidd Radio Cymru, wedi cyflwyno rhaglenni fel *Hwyr Na Hwyrach*, *Tonfedd*, *Ram Jam* a *Ram Jam Sadwrn*, yn ogystal â sawl sioe allanol fawr a rhaglenni o wledydd tramor fel Awstralia a Phatagonia.

Am bedair blynedd a hanner cyflwynodd ei sioe ei hun bob p'nawn ar Radio Cymru, ac er iddo gael digon o waith ym myd teledu, ym myd radio mae ei galon.

FROM studying astrophysics to presenting programmes on Radio Cymru's evening service, *C2* – that is the stellar path that Dafydd Du's career has taken. Dafydd Du, real name Dafydd Meredydd, from Penisarwaun, is a popular Radio Cymru presenter, having fronted, in his time, programmes like *Hwyr Na Hwyrach*, *Tonfedd*, *Ram Jam* and *Ram Jam Sadwrn*, as well as several outside broadcasts from faraway places like Australia and Patagonia.

For four-and-a-half years he presented his own show in the afternoons on Radio Cymru and although he has appeared on several television programmes, radio is his first love.

'And I was there'

UN o hoff ddiddanwyr Cymru yw Max Boyce, ac mae tri rheswm dros ei yrfa faith, sydd yr un mor llewyrchus heddiw ag y bu erioed. Bu Max bob amser yn ofalus a dethol iawn wrth fynd ar y teledu, heb neidio at bopeth a gynigir iddo: fe gamodd oddi ar lwyfan y sgrîn fach am gyfnodau – cyhyd â deng mlynedd weithiau – er mwyn byw ei fywyd a rhoi cyfle iddo ysgrifennu deunydd newydd. Mae hefyd yn ymwybodol iawn o natur ddi-faddau'r cyfrwng, a gŵyr y gall un sioe symol ddinistrio gyrfa rhywun dros nos. Nid ei fod ef yn euog o hynny, gan i rai o'i raglenni diweddar, megis *An Evening with Max Boyce*, dorri record am ddenu cynulleidfa.

Tu ôl i'r portread o'r Cymro cartŵn, gyda'i genhinen enfawr a'i straeon rygbi, mae gŵr meddylgar a sensitif, gŵr a grëodd le anhepgor i'w hunan yn nychymyg y genedl. Mae'n awdur caneuon gwerin gwef-reiddiol, megis *Rhondda Grey*, a daeth yn llais ei bobl, fel y gall pawb dystio ar ddiwrnod gêm rygbi fawr pan una'r dorf i floeddio *Hymns and Arias*.

ONE OF the most popular entertainers in Wales has been Max Boyce and one of the reasons for the longevity of his career, which is as buoyant today as ever, is that he has always been extremely careful and selective about his television exposure. He has avoided the dangers of grabbing everything that's been offered to him and has, on occasion, stepped away from the small screen for as long as 10 years to live his life and give himself more material to write about.

He is also aware of the unforgiving nature of the medium and says that a bad show can wreck someone's career overnight. Not that he has ever done that and some of his recent shows like *An Evening with Max Boyce* have pulled in record viewing figures.

His playing of a sort of caricature Welshman with his giant leek and rugby stories disguises a thoughtful and sensitive man who has found a place of his own in the Welsh psyche. He has written some genuinely great folk songs like *Rhondda Grey* and has become a true voice of his people as anyone can hear for themselves on international rugby days when the crowd sings as one his magnificent *Hymns and Arias*.

Tom Jones

IN *Cable Meets Mr Jones*, recorded at the Pop Factory in Porth, Stuart Cable devoted a whole hour to Tom Jones, chatting about his early days, Elvis Presley and his recent recording sessions with today's artists.

'I always wanted to sing and they could never shut me up. Half a chance as a kid back in Ponty and I was up on a table or a sack of potatoes and I was away.

'They say the wall fell down after I'd propped it up over the years when I was unemployed in Ponty and I then learned my trade in the workingmen's clubs in the Valleys in the Sixties.

'Being from South Wales I have always kept my feet on the ground. Even when the women were throwing knickers at me in Las Vegas I knew what I was doing, never let it go to my head.

'Elvis used to come and see me after my shows and we would sing to one another all the time. There was one song he liked so much he kept singing it over and over so I had to run out of the dressing room to try and get some sleep.

'I also showered in my underpants and socks there because they never came back in the laundry. I'd get my suits and shirts back but never the underpants and socks. In the end I had to wash them myself. In the shower.

'I'll sing 'til I drop. I wouldn't know what to do with myself if I retired. Go on a giant pub crawl probably. I've always wanted to be in show business and now I'm living the dream.'

During the past decade, Tom has popped up with an eclectic list of musical collaborators, including the Stereophonics, Cerys Matthews, Robbie Williams, Van Morrison and Wyclef Jean. In Wales he's remembered for his rousing rendition of *Delilah* at Wembley before the Wales v England rugby match in 1999, when Wales narrowly beat England, as well as his hugely successful concert in Cardiff Castle.

Radio Wales also held a special Tom Jones day, when every programme played a Tom Jones track, the public chose their favourite through an on-line vote and DJ Kevin Hughes interviewed the great man himself. And the listeners' favourite? *Green Green Grass of Home.*

YN *Cable Meets Mr Jones*, a recordiwyd yn y Ffatri Bop yn y Porth, sgwrsiodd Stuart Cable â Tom Jones am awr, gan sôn am ei ddyddiau cynnar, am Elvis Presley ac am ei waith diweddar gydag artistiaid heddiw.

'Ro'n i wastad eisiau canu a fydden nhw byth yn gallu cau 'ngheg i. Blaen troed o gyfle oedd ei angen arna' i pan o'n i'n grwt yn Ponty, a byddwn i ar ben y ford neu sach o dato, a bant â fi.

'Bues i am flynyddoedd yn ddi-waith, wedyn dysgu fy nghrefft yng nghlybie gweithwyr y Cymoedd yn y chwedegau.

'Gan 'mod i'n dod o dde Cymru, mae 'nhraed i bob amser wedi bod ar y ddaear. Hyd yn oed pan fydde'r menywod yn twlu eu nicyrs ata i yn Las Vegas, o'n i'n gwybod beth o'n i'n ei wneud, byth yn gadael iddo fynd i 'mhen i.

'Bydde Elvis yn dod i 'ngweld i ar ôl sioe a bydden ni'n canu i'n gilydd. Roedd un gân arbennig yn ffefryn ganddo fe – bydde fe'n ei chanu hi drosodd a throsodd, a byddwn i'n rhedeg mas o'r stafell wisgo i ddianc!

'Byddwn i hefyd yn cymryd cawod yn fy nillad isaf, gan na fydden nhw byth yn dod nôl gyda'r golch. Bydde'r siwtiau a'r cryse'n dod nôl ond byth y pants a'r sane. Yn y pen draw, bydde raid i fi eu golchi nhw fy hunan. Yn y gawod.

'Mi fydda i'n canu hyd y diwedd. Bydde dim syniad 'da fi beth i'w wneud 'sen i'n ymddeol. Mynd ar *pub crawl* enfawr, siŵr o fod. Ro'n i bob amser eisiau bod yn rhan o *showbiz*, a nawr rwy'n byw'r freuddwyd.'

Yn ystod y deng mlynedd olaf, mae Tom wedi canu gydag amrywiaeth o artistiaid fel y Stereophonics, Cerys Matthews, Robbie Williams, Van Morrison a Wyclef Jean. Yng Nghymru mae'n cael ei gofio am ganu *Delilah* yn Wembley cyn gêm Cymru yn erbyn Lloegr yn 1999, pan enillodd Cymru, yn ogystal â'r cyngerdd llwyddiannus yng Nghastell Caerdydd.

Cynhaliwyd diwrnod Tom Jones ar Radio Wales, pan chwaraewyd un o ganeuon Tom Jones ar bob rhaglen, dewiswyd ffefryn y gwrandawyr trwy bleidlais ar-lein, a chafodd y DJ Kevin Hughes sgwrs gyda'r dyn ei hun. A ffefryn y gwrandawyr? *Green Green Grass of Home.*

Radio Wales DJ Kevin Hughes with Tom Jones

Kevin Hughes o Radio Wales gyda Tom Jones

Shirley Bassey

SOME of the biggest and most memorable concerts ever recorded by BBC Wales have featured the Cardiff torch singer Shirley Bassey who became known throughout the world for her glamorous sexuality and operatic stage persona. A triumphant moment was when she stepped on to the stage at the special gala concert marking the opening of the National Assembly for Wales in 1999 wearing a glittery dress made from a Welsh flag (below).

Yet her life has come with tragedy and pain stalking her at almost every turn with a series of unsuitable men – to the death of her daughter and subsequent breakdown on the stage.

She has always refused to write an autobiography. 'I couldn't face all that pain again.' But one senses that she has used all her pain and disappointment in her public performances, plumbing rare depths of passion and feeling in her concerts. The tears seem genuine and her body language says, well, yes you may have suffered a bit but just look at what happened to me.

SEREN rhai o'r cyngherddau mwyaf a mwyaf cofiadwy a recordiwyd gan BBC Cymru yw Shirley Bassey a ddaeth yn enwog bedwar ban byd am ei rhywioldeb cyfareddol a'i phresenoldeb-llwyfan operatig. Uchafbwynt cofiadwy oedd hwnnw pan gamodd i'r llwyfan yn ystod cyngerdd arbennig i ddathlu agor Cynulliad Cenedlaethol Cymru yn 1999, yn gwisgo ffrog wedi ei gwneud o faner y ddraig goch, a honno'n disgleirio (isod).

Ac eto, cafodd ei siâr o dor-calon a phoen yn ystod ei bywyd – cyfres o gariadon anaddas – a marwolaeth ei merch, a arweiniodd at iddi dorri i lawr yn gyhoeddus ar y llwyfan.

Fe wrthododd ysgrifennu ei hunangofiant. 'Allwn i byth ag ail-fyw'r holl boen yna.' Ond caiff rhywun y teimlad ei bod wedi cloddio'n ddwfn i bwll siomedigaeth a phoen yn ei pherfformiadau cyhoeddus, gan fynegi angerdd a theimladau dyfnion iawn yn ei chyngherddau. Mae'r dagrau'n ymddangos yn rhai real, ac ystum ei chorff yn awgrymu "i chi ddioddef rhyw gymaint, efallai, ond edrychwch beth ddigwyddodd i mi".

Dennis O'Neill

DENNIS O'NEILL is one of the world's leading tenors, and served on the main prize jury at the *Singer of the World in Cardiff, 2003*. He appears frequently across Europe and America, including Covent Garden, the Metropolitan Opera New York, the State Operas of Vienna, Munich, Berlin and Hamburg. His long association with the Royal Opera House has included all the great Verdi roles. O'Neill's TV series for the BBC were enormously popular and he has subsequently made television films on Caruso and movie themes. He was awarded the CBE in 2000.

Mae DENNIS O'NEILL yn un o denoriaid blaenllaw'r byd, ac roedd yn aelod o banel y beirniaid yng nghystadleuaeth *BBC Canwr y Byd Caerdydd, 2003*. Mae'n perfformio'n gyson yn Ewrop a'r Unol Daleithiau, gan gynnwys Covent Garden, Opera Metropolitan Efrog Newydd, Operâu'r Wladwriaeth yn Fiena, Munich, Berlin a Hamburg. Roedd ei gyfresi teledu i'r BBC yn hynod o boblogaidd, a chynhyrchodd raglenni teledu ar Caruso a cherddoriaeth ar gyfer ffilmiau. Derbyniodd y CBE yn 2000.

Bryn Terfel

BRYN TERFEL had a dream, a dream of creating his own music festival at the Faenol estate, near Bangor, close to his home in Pant-glas and the people with whom he grew up. His dream finally came true and now the Faenol Festival is an established event in the calendar – three nights of music with different themes: opera one night, a Welsh flavour the next and the third featuring songs from top West End musical shows. Highlights of the concert, set to be an annual event for years to come, have been shown on BBC Two Wales.

Roedd gan BRYN TERFEL freuddwyd – breuddwyd o greu gŵyl gerddorol ar stâd y Faenol ger Bangor, nid nepell o'i gartref ym Mhant-glas, ymysg y bobl y magwyd ef yn eu plith. Gwireddwyd y freuddwyd honno'n ddiweddar, ac erbyn hyn mae Gŵyl y Faenol yn ddigwyddiad rheolaidd yn y calendr cerddorol Cymreig – tair noson o gerddoriaeth â blas gwahanol: noson o opera, noson Tân y Ddraig, sef cerddoriaeth Gymraeg, a noson yn canol-bwyntio ar ganeuon o'r sioeau mawrion. Dangoswyd uchafbwyntiau o'r cyngherddau ar BBC Two Wales.

Geraint Evans

GERAINT EVANS was from a talented musical family in Cilfynydd, south Wales, but the idea of taking up music as a career had not occurred to him until a local opera singer recommended that he should take singing lessons after hearing him sing in local amateur productions. He performed as an amateur while working as a window dresser, then came the Second World War. He ended up in the music department of the RAF and after the war got an audition at the Royal Opera House, Covent Garden. He became well known for his character baritone roles like Falstaff, Don Pasquale and Figaro – the more acting involved the better. He was knighted in 1969, and died in 1992.

Daeth GERAINT EVANS o deulu cerddorol o Gilfynydd, de Cymru, ond nid oedd wedi ystyried gyrfa fel canwr nes i ganwr lleol ei annog i gael gwersi canu, ar ôl ei glywed mewn perfformiad amatur. Aeth ymlaen i berfformio'n lleol tra'n gweithio yn gwneud arddangosfeydd ffenestr, a wedyn daeth yr Ail Ryfel Byd. Ymunodd ag adran gerddoriaeth y Llu Awyr ac ar ôl y rhyfel cafodd glyweliad yn Nhŷ Opera Brenhinol, Covent Garden. Daeth yn adnabyddus am ei rannau baritôn gyda chymeriadau fel Falstaff, Don Pasquale a Figaro, gan fwynhau'r actio'n fawr. Fe'i urddwyd yn farchog yn 1969, a bu farw yn 1992.

Michael Ball

MICHAEL BALL has performed on Broadway but said that given the choice he would rather be treading the boards at his all-time favourite venue, St David's Hall, Cardiff. In his series *Ball at the Hall*, to which he invited singers Lesley Garrett, Ronan Keating and Martine McCutcheon, he had the audience eating out of his hand. Although he was born near Birmingham, Michael's mother is Welsh and he feels very proud of his heritage. He said, 'I think the decider is "who do you support in international rugby matches or wars?" and it would be Wales without a doubt. Now that's really nailing my colours firmly to the mast, isn't it?'

Mae MICHAEL BALL wedi perfformio ar Broadway, ond mae'n honni mai Neuadd Dewi Sant, Caerdydd, yw ei hoff lwyfan. Ymunodd y cantorion Lesley Garrett, Ronan Keating a Martine McCutcheon ag ef yn ei gyfres *Ball at the Hall*, ac roedd y gynulleidfa wrth eu bodd. Er mai ger Birmingham y ganed Michael, Cymraes yw ei fam, ac mae'r canwr yn falch iawn o'i dras. 'Y cwestiwn allweddol yw pwy fyddech chi'n ei gefnogi mewn gêm rygbi ryngwladol neu ryfel? ac, wrth gwrs, Cymru fyddai'r ateb. Mae hynny'n dangos fy nheyrngarwch, on'd ydy?' meddai.

Stuart Burrows

STUART BURROWS (right), was also from Cilfynydd – from the same street as Geraint Evans. He hosted several television shows during the 1970s. But his career might have been totally different had it not been for the radio. He was packing to go home on leave from the RAF when he heard Gigli singing Schubert's *Ave Maria*. He started singing to it and suddenly realized he had a tenor voice. 'It's all about enjoyment,' he said, 'enjoyment for me and enjoyment for the audience. That's why I love Mozart – and that's why I get a kick out of the television shows.'

Cyflwynodd STUART BURROWS brodor arall o Gilfynydd – o'r un stryd â Geraint Evans – sawl rhaglen deledu yn ystod y 1970au, ond onibai am y radio, gallai ei yrfa fod wedi bod yn wahanol iawn. Pacio i fynd adre am sbel o'r Llu Awyr yr oedd Burrows pan glywodd Gigli'n canu *Ave Maria* gan Schubert ar y radio. Dechreuodd gyd-ganu a sylweddoli bod ganddo yntau hefyd lais tenor. 'Mwynhad yw'r cyfan,' meddai, 'mwynhad i fi ac i'r gynulleidfa. Dyna pam rwy' mor hoff o Mozart – a pham y bydda' i'n cael cymaint o hwyl ar y sioeau teledu.'

Iris Williams

On stage IRIS WILLIAMS commands rapt attention, her deep velvety voice floating through the air. 'God has given me a gift and I like to put it to good use, to share it,' she says. When you listen to her singing the songs of Jerome Kern and George Gershwin, you know you are in the presence of a star. But off stage she has no airs or graces, and loves to return to her native Wales as often as she can, her accent still strongly Welsh after years in the US. Her series *Iris Williams Songbook* for BBC Wales revealed her mastery of the American standards.

Ar y llwyfan mae IRIS WILLIAMS yn hawlio sylw llwyr, ei llais dwfn, melfedaidd yn llifo yn yr awyr. 'Mae Duw wedi rhoi dawn i mi ac mi fyddai'n hoffi ei defnyddio'n dda, ei rannu,' meddai. Wrth wrando arni'n canu cerddoriaeth Jerome Kern a George Gershwin, rydych yn gwybod eich bod ym mhresenoldeb seren. Ond oddi ar y llwyfan mae hi'n naturiol ac wrth ei bodd yn dychwelyd i Gymru yn aml, ei hacen Gymreig yn dal yn gryf ar waetha'r blynyddoedd yn Efrog Newydd. Yn ei chyfres *Iris Williams Songbook* dangosodd ei meistrolaeth o'r clasuron Americanaidd.

Peter Karrie

Phantom of the Opera star PETER KARRIE hosted *Peter Karrie and Friends* in which he invited well-known singers to join him. Here, another of Wales's famous voices, Bonnie Tyler, came to show why her career has lasted so long. Karrie also presented *Peter Karrie – Unmasked*, and both series showed why the Bridgend man is a highly sought after musical star in London's West End and all over the world.

Cyflwynodd seren *Phantom of the Opera*, PETER KARRIE ddwy sioe gerddorol ar deledu BBC Cymru – *Peter Karrie and Friends* a *Peter Karrie – Unmasked*, a hawdd oedd gweld pam fod y gŵr o Ben-y-bont ar Ogwr mor boblogaidd ym myd y sioeau cerdd yn Llundain a thros y byd. Yma, gwelwn un arall o leisiau adnabyddus Cymru, Bonnie Tyler, yn dangos pam mae ei gyrfa hi wedi bod mor hir a disglair.

MUSIC TO THE PEOPLE

The Stereophonics (left) were virtually unknown when they performed in the Big Noise concert in Cardiff Bay in 1998, but it was the start of not only a great career for them, but also of big outdoor events by BBC Wales. Charlotte Church, Petula Clark, Jean Simmons and Atomic Kitten were brought together by Midge Ure in *Showtime@the Stadium* (top), while Lesley Garrett drew a vast crowd to a special BBC Wales concert in Cardiff's Castle Grounds (bottom). Radio Wales's annual *Big Buzz*, in Cardiff and Swansea, is now a huge crowd puller with artists like Lulu and A1 (opposite page) happy to be part of the fun.

CERDDORIAETH I'R BOBL

Doedd fawr neb wedi clywed am y Stereophonics (chwith) adeg eu perfformiad yng nghyngerdd Big Noise ym Mae Caerdydd yn 1998, ond roedd yn gam cyntaf mewn gyrfa fawr iddyn nhw ac yn ddechrau pwysig i raglen uchelgeisiol o ddarlledu digwyddiadau awyr-agored mawr i BBC Cymru. Daeth Midge Ure â Charlotte Church, Petula Clark, Jean Simmons ac Atomic Kitten at ei gilydd yn *Showtime@theStadium* (uchod), tra llwyddodd Lesley Garrett i ddenu tyrfa fawr i gyngerdd arbennig o dan nawdd BBC Cymru yng nghaeau Castell Caerdydd (chwith). Erbyn hyn, daeth y *Big Buzz* blynyddol, a gynhelir yng Nghaerdydd ac Abertawe, yn atyniad enfawr gydag artistiaid fel Lulu ac A1 (gyferbyn) yn falch o ymuno yn yr hwyl.

Orchestral notes

Nodyn am y gerddorfa

THE BBC National Orchestra of Wales is today a full symphony orchestra. It runs a programme of concerts and tours, attracts high quality visiting conductors and has a vast catalogue of recordings.

BBC Wales had an orchestra right from the beginning, albeit with just a handful of players, with more being brought in when the demands required. Running an orchestra has always been an expensive business, and as early as 1926 it was arranged that an orchestra of 30 players would use the then almost completed main building of the National Museum of Wales in Cardiff, which had excellent acoustics, as a centre for free concerts. The BBC would pay £6,000 on the undertaking that Cardiff and other local authorities would contribute £5,000.

The orchestra was popular, but by 1932 the funding was not forthcoming and the orchestra had to be disbanded. It was set up again four years later with 20 players; disbanded again during the war, then reinstated yet again afterwards with 31 players and the well-known Mansel Thomas as conductor.

The opening of St David's Hall, Cardiff, in 1982 gave the orchestra its own public performance base. In 2005 it is planning to move its rehearsal base.

CERDDORFA symffoni lawn yw Cerddorfa Genedlaethol Gymreig y BBC erbyn hyn. Mae'n paratoi rhaglen o gyngherddau a theithiau, yn denu arweinyddion gwadd o safon uchel, ac mae ganddi gatalog enfawr o recordiadau.

Roedd gan BBC Cymru gerddorfa o'r cychwyn cyntaf, er mai llond llaw o gerddorion oedd ynddi bryd hynny, gyda rhagor yn cael eu cyflogi yn ôl y galw. Busnes drud fu rhedeg cerddorfa erioed a hyd yn oed yn 1926 trefnwyd y byddai 30 o gerddorion yn darparu cyngherddau cerddorfaol am ddim i'r cyhoedd yn adeilad newydd Amgueddfa Genedlaethol Cymru, lle roedd sain ardderchog. Byddai'r BBC yn talu £6,000 ar yr amod y byddai Caerdydd ac awdurdodau lleol eraill yn cyfrannu £5,000.

Roedd y gerddorfa'n boblogaidd ond erbyn 1932, pallodd y nawdd a rhaid oedd ei dirwyn i ben. Ail-sefydlwyd y gerddorfa bedair blynedd yn ddiweddarach gyda 20 aelod; chwalu eto dros adeg y Rhyfel, cyn ail-ymsefydlu wedyn o dan arweiniad y cerddor adnabyddus, Mansel Thomas.

O ganlyniad i agor Neuadd Dewi Sant yn 1982, cafodd y gerddorfa gartref parhaol ar gyfer perfformiadau cyhoeddus ac yn 2005 bydd yn symud ei chanolfan ymarfer o'r BBC yn Llandaf i Ganolfan y Mileniwm ym Mae Caerdydd.

ISOD: Recordydd sain Paul Thomas yn perffeithio'r cydbwysedd sain wrth i'r gerddorfa ymarfer yn Stiwdio 1, Llandaf.
BELOW: Sound engineer Paul Thomas ensures the correct balance of sound as the orchestra rehearses in Studio 1, Llandaff.

ISOD: Nigel Seaman yn profi nad pobl 'sych' yw aelodau cerddorfeydd, trwy berfformio ym mhwll nofio Rhydaman.
BELOW: Nigel Seaman proves that orchestra players are not formal and stuffy by performing in a swimming pool while taking music to the people of Ammanford.

Ar ben eu byd

David Malis, 1985

Valeria Esposito, 1987

Dmitri Hvorostovsky, 1989

Lisa Gasteen, 1991

Inger Dam-Jensen, 1993

ABOVE: Wales's Bryn Terfel, who won the Lieder Prize in 1989, beaten to the top prize by Dmitri Hvorostovsky in the legendary 'battle of the baritones'

Katarina Karneus, 1995

Guang Yang, 1997

Anja Harteros, 1999

Marius Brenciu, 2001

BETH sydd i'w gyfrif bod cystadleuaeth BBC Canwr y Byd Caerdydd mor unigryw? Mae'n gymaint mwy na chystadleuaeth gerddorol: mae'n ddathliad rhyngwladol o ddoniau cerddorol y byd ac yn rhagbrawf pwysig i sêr y dyfodol. Mae hefyd yn enghraifft ardderchog o ymroddiad parhaus BBC Cymru i gynhyrchu cerddoriaeth o'r safon uchaf.

I'r cantorion mae'n brofiad tymhestlog, gan eu bod yn perfformio nid yn unig i gynulleidfa Neuadd Dewi Sant ac i lu o gamerâu teledu a meicroffonau, ond hefyd o fewn llathenni i reithgor sy'n cynnwys cantorion opera chwedlonol eu statws ac enwau mawr y byd cerdd.

Cychwynnodd y gystadleuaeth yn 1983, pan gipiodd Karita Mattila, uchod, soprano o'r Ffindir, y brif wobr.

WHAT makes the BBC Singer of the World in Cardiff competition so unique? It's far more than a musical competition: it's an international celebration of the world's musical talent and a major audition for the stars of tomorrow. It is also a wonderful example of BBC Wales's continued commitment to high quality music production.

For the singers it's a nerve-racking experience as they perform not just for the audience in St David's Hall, Cardiff, and before banks of television cameras and radio microphones, but for a jury composed of operatic legends and powerful administrators sitting just yards away.

The competition began in 1983, when Karita Mattila, above, a soprano from Finland, walked away with the top prize.

On top of their world

Cadwodd y bariton o'r Ffindir Tommi Hakala ddyddiadur gydol wythnos cystadleuaeth BBC Canwr y Byd Caerdydd 2003 ar gyfer gwefan y gystadleuaeth. Dyma ran o'i eiriau ar y diwrnod olaf – y diwrnod y daeth yn fuddugol yn y gystadleuaeth.

'Mae hi'n ddiwrnod y ffeinal! Codais bore 'ma wedi adfywio. Bwytais *sushi* i frecwast, wedyn es draw i'r neuadd am ymarfer teledu. Wrth ymarfer, ceisiais arbed fy llais. Yna cyfweliadau: dw i'n hapus i wneud cyfweliadau yn Saesneg ond dw i'n teimlo braidd yn nerfus wrth wneud hynny ar y radio.

'Fe wnaeth rhywun ofyn i mi beth fyddwn i'n mynd gyda mi nôl i'r Ffindir i gofio am Gymru. Dwedais nad oeddwn wedi cael fawr o amser i siopa ond byddwn yn bendant yn mynd â chrysau-T o Gaerdydd, a bwyd yn bennaf. Un o'r peis 'na, er enghraifft, a 'chydig o fara brith.

'Yn y perfform-iad roedd rhai nodau sigledig, ond wnes i ddim cam â fi fy hun. Wedi'r cwbl doeddwn i ddim wedi disgwyl bod yn y ffeinal, a rhaid i mi gyfaddef mod i wedi llowcio peint o gwrw wedyn!

'Llamodd fy nghalon pan glywais fy enw'n cael ei gyhoeddi'n enillydd. Roedd ennill y gystadleuaeth yn anhygoel a'r peth cyntaf wnes i oedd ffonio fy ngwraig. Mae hi ar ei ffordd i'r Ffindir ar gwch ond yn mynd heibio i ynysoedd oddi ar Sweden, felly roedd y cysylltiad yn dda. Roedd hi wrth ei bodd, a dwi'n siŵr bod y ci'n hapus hefyd.

'Mae'r Cymry wedi bod yn ardderchog wrtha i, a diolch i bawb yn gynnes. Efallai nad ydw i ar ben *y* byd, ond dwi'n bendant ar ben *fy* myd.'

Finnish baritone Tommi Hakala wrote a diary for the BBC Singer of the World in Cardiff 2003 website throughout the week of the competition. This is part of his entry for the final day.

'It's finals day! I got up feeling refreshed. I had some sushi for breakfast, then went over to the Hall for my TV rehearsal. I "marked" quite a bit to save my voice. Then interviews: I must say that although I am happy to give interviews to journalists in English, I do get a little nervous when it's for the radio.

'I was asked what I would be taking back to Finland as a souvenir of Wales. I said I hadn't had too much time for shopping but I would definitely be taking back some Cardiff T-shirts but mostly food! Those pies for example, and I will try to find the Welsh *bara brith*.

'As regards my performance, there were some notes I was a little dubious about; but overall I felt I had not let myself down. I reminded myself that I did not expect to be in the final, and I must say afterwards I gulped down my celebratory pint of bitter.

'My heart leaped when I heard my name called as the winner. It was just incredible to have won this competition; at the first opportunity I called my wife – she is on the ship to Finland but it was passing by some Swedish islands so there was a good connection. She was overjoyed, and I expect my dog would be too.

'The Welsh people have been wonderful to me and I thank everyone very much. I may not be on top of *the* world, but I certainly feel on top of *my* world.'

ABOVE: Cliff Morgan (right) joins the celebrations as the All Blacks carry their colleague from Cardiff Arms Park after beating the Barbarians 19-5 in 1954.

UCHOD: Cliff Morgan (dde) yn ymuno yn y dathlu wrth i'r Crysau Duon godi eu cyd-chwaraewr ar eu hysgwyddau ar ôl trechu'r Barbariaid o 19-5 yn 1954.

'Our fields of praise'

'Meysydd mawl'

WALES, perhaps more than any other country, lives or dies according to the fortunes of her chosen teams on what Dylan Thomas once called our 'fields of praise', the rugby field. For most of its 80 years, BBC Wales has been there recording almost every kick and maul that mattered.

The games have even been known to dictate and form the national psyche and mood to the extent that, when a religious revival took place in Wales in 1904, some claimed it had started because Wales had beaten England at rugby!

Huge new grounds like the Millennium Stadium in Cardiff have become our national chapels. The crowds gather to sing the great religious hymns of old as well as newer variants from the pen of Max Boyce and beg to be fed the bread of heaven of an incredible number of points.

There is nothing quite like the atmosphere before kick-off as the Welsh prepare to enter into a huge and prolonged struggle with another land. International games like these have also become a way of unifying the country; to give her a common cause – either of pride or, in recent years more usually, grief.

MAE Cymru – yn fwy nag unrhyw wlad arall o bosib – yn byw neu'n marw yn ôl perfformiad ei thîmau ar yr hyn y cyfeiriodd Dylan Thomas atynt unwaith fel 'meysydd mawl', ac am y rhan helaethaf o 80 mlynedd, bu BBC Cymru yno'n recordio pob cic a thacl.

Yn wir, dylanwadodd y gêmau i'r fath raddau hyd nes iddynt ffurfio meddylfryd y genedl ambell waith: honnodd rhai mai o ganlyniad i gael ein trechu gan Loegr ar y cae rygbi y cychwynnodd diwygiad crefyddol 1904!

Daeth meysydd enfawr newydd fel Stadiwm y Mileniwm yng Nghaerdydd yn addoldai newydd, lle bydd y torfeydd yn ymgasglu i ganu emynau crefyddol y dyddiau gynt ac yn gweddïo am fendith, neu wyrth, sgôr uchel.

Mae'n anodd curo'r awyrgylch cyn gêm fawr, wrth i Gymru baratoi ar gyfer gornest faith yn erbyn cenedl arall. Daeth gêmau rhyngwladol hefyd yn fodd o uno'r genedl; rhoi iddi nod gyffredin – balchder, weithiau, neu'n fynychaf yn y cyfnod diweddar, galar.

ABOVE: Scott Quinnell shows his delight at beating England at Wembley in 1999.

UCHOD: Scott Quinnell yn llawenhau wedi buddugoliaeth Cymru dros Loegr yn Wembley yn 1999.

Rhoi geiriau newydd i'r iaith

Huw Llywelyn Davies (chwith) a Ray Gravell. 'Beth sy'n taro rhywun fwyaf am Grav yw ei frwdfrydedd,' meddai Huw.

Huw Llywelyn Davies (left) and Ray Gravell. 'What strikes you most about Grav is his enthusiasm,' says Huw.

UN O sylwebwyr Cymraeg mwyaf adnabyddus y BBC yw Huw Llywelyn Davies – neu Huw Eic, fel y gelwir ef yn aml. Y rheswm, wrth gwrs, yw ei fod yn dilyn ôl traed ei dad, sef Eic Davies, y dyn a fathodd gynifer o dermau rygbi newydd sbon yn y Gymraeg. BBC Cymru oedd yn gyfrifol am greu gwasanaeth chwaraeon newydd ar gyfer S4C pan sefydlwyd y sianel Gymraeg yn 1982.

'Heb os bu darlledu chwaraeon yn un o lwyddiannau mawr S4C, a braint fu cael bod yn rhan o'r cyffro arloesol hwnnw o'r dechrau,' meddai Huw. 'Cyfnod o atgofion braf iawn, yr hwyl – a'r pen tost – wrth rannu'r meic gyda Grav am bymtheng mlynedd, a'r boddhad o weld y gwasanaeth yn datblygu ac yn cydio.'

'Braf oedd y wefr a ddaeth ym mhellafoedd byd adeg yr achlysuron mawr, teithiau'r Llewod a Chwpan y Byd,' meddai Huw. 'Gweld yr holl wasanaethau teledu mawr yno, clywed y gwahanol ieithoedd yn llifo o'r blychau sylwebu, a sylweddoli bod y Gymraeg yn hawlio'i lle yn deilwng yno gyda'r gweddill. Roedd hynny'n golygu mwy i fi o bosib o safbwynt personol, teuluol, o gofio bod fy nhad wedi bod yn un o'r criw fu'n bathu'r termau Cymraeg hynny yn y man cynta, a theimlo balchder mawr fod y termau hynny bellach yn cael eu clywed a'u derbyn gan y cefnogwyr cyffredin gartref a'r cwmnïau teledu ar bum cyfandir.'

Nid cyfieithiad o'r geiriau Saesneg mohonynt chwaith: cic adlam yw *drop kick* (nid cic ollwng); mewnwr yw *scrum half*, maswr yw *outside half* – ac yn y blaen.

ONE of the best known rugby commentators in Welsh is Huw Llywelyn Davies, or Huw Eic, as he is often known. The reason is that he is following the pioneering footsteps of his father, Eic Davies, the man who introduced so many new rugby words into the Welsh language.

BBC Wales was responsible for creating the brand new sports service for S4C when it was set up in 1982. 'Without doubt sports broadcasting has been one of S4C's great successes, and it has been a privilege to be part of that right from the beginning,' says Huw. 'I have some great memories of fun – and hangovers – after sharing the microphone with Ray Gravell for 15 years, and huge satisfaction from seeing the service become such an established part of the media in Wales.

'It's been wonderful being in far flung parts of the world for the big occasions like Lions tours and World Cups,' says Huw. 'Seeing all the big TV stations from around the world, hearing the different languages flowing from the commentary boxes and realising that Welsh was commanding its own place among them. That meant more to me possibly because of my personal and family connections, remembering that it was my father who created most of the rugby terms in the first place, and feeling pride that ordinary supporters, as well as world broadcasters, accepted these very words.'

The words are not straight translations, either: drop kick is *cic adlam* (rebound kick); scrum half is *mewnwr* (insider), and outside half is *maswr* (outsider).

LEGENDARY 'Voice of Rugby' Bill McLaren devoted 50 years of service to the sport he loved, finishing his commentating career with a Wales v Scotland game – having started it with the same clash in 1953.

Former Wales international for both rugby union and rugby league, and now BBC analyst, Jonathan Davies said, 'When I was a youngster watching rugby on television, Bill was the voice. When I was playing for Wales, Bill was commentating on me. Now I've gone full circle and all of a sudden found myself commentating with him. I can't believe it. It's an honour and a privilege to work with someone who puts so much hard work and dedication into preparation. He's an incredible man, and to top it all, he's a real gentleman.'

RHODDODD Bill McLaren, 'llais' chwedlonol rygbi, 50 mlynedd o wasanaeth i'r gêm y mae'n ei charu, gan ddirwyn ei yrfa sylwebu i ben gyda gêm ryngwladol rhwng Cymru a'r Alban – yr un ornest y cychwynnodd ei yrfa ynddi yn 1953.

Meddai'r cyn-chwaraewr rhyngwladol Jonathan Davies, sydd bellach yn gyfrannwr cyson ar raglenni'r BBC, 'Pan o'n i'n ifanc yn gwylio rygbi ar y teledu, Bill oedd 'y llais'. Pan o'n i'n chwarae i Gymru, roedd Bill yn sylwebu arna i. Nawr mae'r cylch yn grwn ac rwy'n sylwebu ochr yn ochr ag e. Mae'n anodd credu. Mae'n fraint cael gweithio gyda rhywun sy'n gweithio mor galed ac yn paratoi mor drylwyr. Mae'n ŵr anhygoel, ac ar ben hynny, mae'n ŵr bonheddig iawn.'

RADIO TIMES, January 13, 1933. The England v Wales game at Twickenham is broadcast live, and to help the listener with visualizing where on the pitch the action is taking place, the magazine thoughtfully provides a diagram of the field, divided into sections which the commentator will refer to in his report.

Wales won the match 7-3, the first time they had beaten England at Twickenham.

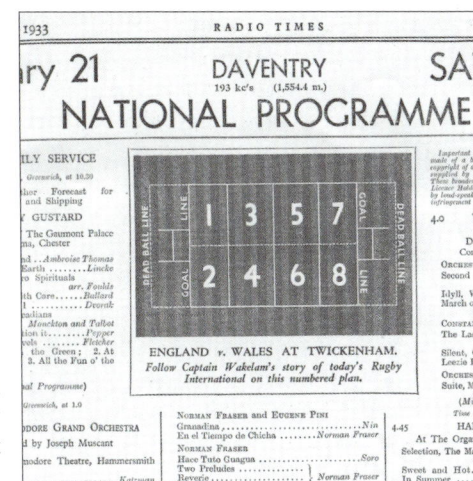

Llanelli 9 – Seland Newydd 3

IT WAS a day to remember: the day that Llanelli beat the mighty All Blacks. Many rugby clubs have notable scalps collected from touring sides, but this was perhaps the greatest of all.

Carwyn James had coached the 1971 Lions to a famous series win in New Zealand, but nobody expected his Llanelli side to repeat that success the following year. Yet on October 31, 1972, the Scarlets emerged the winners by nine points to three.

Fly-half Phil Bennett provided much of the inspiration, but it was skipper Delme Thomas who held the pack firm. Current Llanelli coach Gareth Jenkins was, by his own admission, a slip of a boy when he packed down as flanker that day, for a match he will always remember. 'It was the most physical game I've ever played in – we'd never experienced anything like it as younger players,' he said. 'It was a great time to remember, it was a great time to be around and a great time to play rugby.'

DIWRNOD i'w gofio: y diwrnod y curodd Llanelli'r Crysau Duon nerthol. Llwyddodd sawl clwb rygbi i droi'r drol ambell waith yn erbyn timau teithiol, ond mae'n debyg mai hon oedd y drol fwyaf i'w throi erioed.

Hyfforddwyd y Llewod i fuddugoliaeth enwog 1971 gan y dihafal Carwyn James, ond doedd fawr neb yn disgwyl iddo ail-ymweld â'r llwyddiant gyda Llanelli y flwyddyn ganlynol. Ac eto, ar Hydref 31, 1972, tîm y Sgarlad oedd y buddugwyr o naw pwynt i dri.

Daeth llawer o'r ysbrydoliaeth gan y dewin o faswr, Phil Bennett, ond y capten, Delme Thomas a gadwodd y pac yn gadarn. Crwt, yn ôl ei gyfaddefiad ei hunan, oedd hyfforddwr presennol Llanelli, Gareth Jenkins, wrth iddo chwarae yn safle'r blaen-asgellwr ar gyfer gêm na fydd yn ei hanghofio fyth. 'Dyna'r gêm fwya corfforol i fi ei chwarae erioed – doedden ni chwaraewyr ifanc erioed wedi profi dim byd tebyg,' meddai. 'Dyna adeg gwych i gofio, roedd yn adeg gwych i fyw, ac yn adeg gwych i chwarae rygbi.'

SPORT has always been one of the strengths of BBC Wales, and Wales has been lucky enough to have the best rugby commentators. David Parry Jones was considered one of the best. Naturally, the fact that the national rugby team did so well in the 1960s and '70s helped the department a great deal, and helped to nurture a feeling of nationhood.

Today BBC Wales provides sports coverage in Welsh on S4C, too. If they wish, viewers can watch a match on S4C but listen to English language commentary on BBC Radio Wales. Conversely they could watch a match on BBC One or Two and listen to Welsh-language commentary on BBC Radio Wales. Digital viewers can even choose to listen to the referee on a special mike.

BU chwaraeon yn un o gryfderau BBC Cymru erioed, a bu Cymru'n ffodus iawn i gael rhai o'r sylwebwyr gorau. Ystyrid David Parry Jones yn un o'r goreuon. Yn naturiol, bu llwyddiant tîm rygbi Cymru yn y 1960au a'r 1970au yn hwb aruthrol i'r adran, a bu'n gymorth i hybu ymdeimlad o genedligrwydd hefyd.

Heddiw mae BBC Cymru'n darparu sylwebaeth Gymraeg ar gyfer S4C hefyd; mae'n bosib gwylio lluniau S4C a gwrando ar sylwebaeth Saesneg BBC Radio Wales, neu wylio lluniau BBC One neu BBC Two, a gwrando ar sylwebaeth Gymraeg BBC Radio Cymru. Gall gwylwyr sydd â gwasanaeth digidol ddewis gwrando ar sylwadau'r dyfarnwr trwy feic arbennig.

Dewi Griffiths today/heddiw.

RIGHT: Dewi Griffiths discusses the direction of the outside broadcast with colleagues in 1968.

DDE: Dewi Griffiths yn trafod darllediad allanol gyda chydweithwyr yn 1968.

THE first outside sporting broadcast televised by the BBC in the UK was the New Zealand v Barbarians game in Cardiff in February, 1954. The first live rugby covered by BBC Wales was Wales v England in January 1963. England won, but this was something they wouldn't do again for 28 years. Wales had entered her golden age of rugby.

Welsh sports coverage didn't really get going until 1964 with *Maes Chwarae* presented by Carwyn James and *Sports Parade* with Cliff Morgan. Dewi Griffiths, now better known in BBC Wales as presenter of BBC Radio Wales programme *String of Pearls*, in which he plays recordings from the 40s, was a young sports producer in those days.

He remembers how editing took place in a shed by the now-vanished Empire Pool in Cardiff. When Cliff Morgan went to work in London, Wilf Wooller came in to help, as well as JBG Thomas and Onllwyn Brace, names which shine in the annals of BBC Wales sports reporting. They all worked together for 25 years.

'The Welsh rugby public is probably the most knowledgeable in the world, so our production values have to stand up to that scrutiny. The BBC Wales team is used to covering matches week in week out, from the smallest club to the Millennium Stadium. Welsh fans want to see a Welsh win – but they also expect the best television coverage possible. Win or lose, we will be aiming to provide them with just that.'

Mynd allan i weithio

YNG Nghaerdydd yn 1954, mewn gêm rhwng Seland Newydd a'r Barbariaid y gwnaethpwyd y darllediad teledu allanol cyntaf gan y BBC drwy Brydain. Roedd yn rhaid aros tan fis Ionawr 1963, a gêm rhwng Cymru a'r hen elyn, Lloegr, ar gyfer darllediad rygbi byw cyntaf BBC Cymru. Lloegr enillodd, ond fyddai hynny ddim yn digwydd eto ar dir Cymru am 28 mlynedd. Roedd gwawr oes aur rygbi Cymru newydd dorri.

Roedd hi'n 1964 erbyn i'r arlwy chwaraeon gael ei thraed dani, gyda *Maes Chwarae* a gyflwynwyd gan Carwyn James a *Sports Parade* gyda Cliff Morgan. Roedd Dewi Griffiths, a adwaenir erbyn hyn fel cyflwynydd y rhaglen boblogaidd o gerddoriaeth y 40au, *String of Pearls* ar Radio Wales, yn gynhyrchydd chwaraeon ifanc bryd hynny.

Mae'n cofio golygu mewn cwt ger hen bwll nofio'r Gymanwlad yng Nghaerdydd. Pan aeth Cliff Morgan i weithio i Lundain, daeth Wilf Wooller i gynorthwyo ynghyd â JBG Thomas ac Onllwyn Brace, enwau sy'n dal i atseinio yn adran chwaraeon BBC Cymru. Bu'r tri'n cydweithio am chwarter canrif.

'Mae cefnogwyr rygbi Cymru gyda'r mwyaf gwybodus yn y byd, felly rhaid i'n gwerthoedd cynhyrchu ni wrthsefyll crib fân y gynulleidfa. Mae tîm BBC Cymru'n gyfarwydd â sylwebu ar gêmau bob wythnos, o'r clybiau lleiaf i stadiwm y Mileniwm. Mae cefnogwyr Cymru eisiau gweld Cymru'n ennill, ond maen nhw hefyd yn disgwyl sylwebaeth o'r safon uchaf. Colli neu ennill, dyna fyddwn ni'n anelu at ei ddarparu.'

Pêl-droed – y gêm brydferth

Picture courtesy of Western Mail & Echo

THE Cardiff v Arsenal Cup Final in 1927 won by Cardiff, 1-0, (left) was also a first in many ways: the first to be broadcast live on the national BBC; the first to involve the crowd in the organised community singing of *Abide With Me* and the first and only time the cup ever left England after a single goal, disputed to this day, let in by the Arsenal goalkeeper, a Welshman.

ROEDD rownd derfynol Cwpan yr FA, rhwng Caerdydd ac Arsenal, yn 1927 – a enillwyd gan Gaerdydd, 1-0 (chwith) – yn arloesol mewn llawer ffordd: hon oedd y gêm gyntaf i gael ei darlledu'n fyw ar y BBC trwy'r DU i gyd; hi oedd y cyntaf i gynnwys y dorf yn canu'r emyn *Abide With Me*, a dyma'r tro cyntaf – a'r olaf – i'r cwpan adael Lloegr, ar ôl un gôl ddadleuol: gôl a lithrodd heibio i gôl-geidwad Arsenal, oedd yn digwydd bod yn Gymro...

JOHN CHARLES is considered by many to have been the greatest, most versatile British footballer ever. He was the first Welshman to make the grade in Italian football more than 40 years ago, and was honoured with the BBC Wales Sports Personality of the Year 2001 merit award.

MAE llawer yn ystyried mai John Charles yw'r chwaraewr pêl-droed gorau i'r Deyrnas Unedig ei weld. Ef oedd y Cymro cyntaf i ddisgleirio ym myd pêl-droed yr Eidal dros 40 mlynedd yn ôl, ac fe gafodd ei anrhydeddu yn 2001 gyda Gwobr Teilyngdod Personoliaeth Chwaraeon y Flwyddyn BBC Cymru.

LEFT: Ryan Giggs shows his determination on the pitch.   *UCHOD: Ryan Giggs yn arddangos ei ddoniau ar y cae.*

94

Football – the beautiful game

IN THE early days the authorities tended to be quite sniffy about allowing microphones into their games. In one of the first Cup Finals, the Football Association refused to let it be broadcast unless the BBC paid a large fee, the amount of which it refused to specify. The BBC offered to pay a reasonable fee to a charity of the association's choice, claiming equal rights of access with the Press. The Association refused to agree, and in consequence the BBC, rather than allow the thousands of football enthusiasts all over the country to miss the broadcast, arranged for it to be carried out from a position outside the stadium by relays of commentators who had paid for their entry to the ground in the ordinary way. It was judged an outstanding success.

Now the role of the football commentator is very different – they are expected to travel to farflung corners of the world and report sometime in difficult circumstances.

Ian Gwyn Hughes (right), BBC Wales's football correspondent, covered the game in Moldova and never believed such poverty could exist.

'Four hours before kick-off we were summoned to meet the head of television in Moldova. We couldn't speak his language, he couldn't speak ours. I think he was asking us where we wanted the camera positions for the game, as this was the first time an outside broadcast had ever been done in Moldova. Out of the whole game we had about 16 minutes of airtime as the line went down.'

YN nyddiau cynnar darlledu, nid oedd awdurdodau pêl-droed yn fodlon caniatáu meicroffonau mewn unrhyw gêm. Yn un o'r gêmau Cwpan cyntaf, gwrthododd y Gymdeithas Bêl-droed fynediad i'r BBC oni bai eu bod yn talu ffi anferth, er na nodwyd faint fyddai'r ffi. Cynigodd y BBC roi swm o arian i elusen o ddewis yr FA, gan hawlio'r un driniaeth â newyddiadurwyr print. Gwrthododd yr FA, ond er mwyn sicrhau na fyddai'r cefnogwyr ledled y wlad yn colli'r gêm, trefnodd y BBC i ohebwyr fynd i'r gêm, gan dalu eu pris mynediad fel pawb arall, wedyn gweithio mewn tîmau megis ras gyfnewid, gan ddarlledu adroddiadau o'r gêm o safle tu allan i'r maes chwarae. Yn ôl yr adroddiadau bu'r darllediad yn llwyddiant ysgubol.

Heddiw mae rôl sylwebwyr pêl-droed yn dra gwahanol – maent yn teithio i bedwar ban byd i ohebu, a hynny weithiau mewn amgylchiadau lletchwith. Pan aeth Ian Gwyn Hughes (chwith), gohebydd pêl-droed y BBC i Moldova, er enghraifft, roedd hi'n anodd ganddo gredu bod y fath dlodi'n bod.

'Tua pedair awr cyn dechrau'r gêm, cawsom ein galw i gyfarfod â phennaeth teledu Moldova,' cofia. 'Doedden ni ddim yn gallu siarad ei iaith, ac yntau methu â siarad Saesneg. Tybiaf ei fod yn gofyn i ni ble roedden ni eisiau'r camerâu, am mai dyma'r darllediad allanol cyntaf erioed ym Moldova. Fodd bynnag, allan o'r gêm gyfan, dim ond rhyw 16 munud gawsom ni, achos fe gollwyd cysylltiad.'

FROM LEFT/O'R CHWITH: Steve James, John Hardy, Gareth Blainey, Dylan Ebenezer.

'A face like a dug-up road'   # 'Wyneb fel talcen chwarel'

BEFORE a crowd of 32,000 in New York, Tommy Farr, the Tonypandy Terror, took on Joe Louis, the Black Bomber, in 1937.

Even though the fight took place in the middle of the night here in Wales, it is believed that every Welsh person with a radio listened to the commentary as Farr gave Louis the fight – and fright – of his life.

He took the fight to the champion and bore forward for 15 rounds in an enthralling battle. Louis was declared the winner and still heavyweight champion of the world, but Farr had won a place in Welsh boxing history. It was estimated that as many as two million listened to the commentary in the UK.

'My face looked like a dug up road,' said Farr afterwards.

Picture courtesy of johnnyowen.com

O FLAEN cynulleidfa o 32,000 yn Efrog Newydd, wynebodd Tommy Farr, y Tonypandy Terror, Joe Louis, y Black Bomber, yn 1937.

Er i'r ornest ddigwydd ynghanol y nos yng Nghymru, y gred yw i bob un person oedd yn berchen ar set radio wrando ar y sylwebu wrth i Farr roi brwydr, ac ofn ei fywyd i Louis.

Gerbron y pencampwr fe barodd 15 rownd mewn gornest gyffrous. Cyhoeddwyd mai Louis a enillodd a'i fod yn dal yn bencampwr pwysau trwm y byd, ond roedd Farr wedi ennill ei le yn hanes bocsio Cymru a chredir i gynifer â dwy filiwn o bobl wrando ar y sylwebu ym Mrydain.

'Roedd fy wyneb i fel talcen chwarel' meddai Farr wedyn.

TODAY Wales has yet again a world champion boxer: Joe Calzaghe (left), World Super-Middleweight champion. He turned professional in 1993, beating the renowned Chris Eubank for the vacant WBO title in 1997. Eubank acknowledged the Welshman's power of punch, but after 22 world title contests he was confident of winning. In a ferocious battle Eubank found himself on the canvas in the opening round, and Calzaghe continued to fight for 12 rounds, finally overcoming his opponent. He has never lost or drawn a fight.

HEDDIW mae gan Gymru focsiwr sy'n bencampwr byd – Joe Calzaghe (chwith), Pencampwr Pwysau Uwch-Ganol y Byd. Trodd yn broffesiynol yn 1993, gan guro'r enwog Chris Eubank am deitl y WBO yn 1997. Tra'n cydnabod nerth dwrn y Cymro, roedd Eubank hefyd yn hyderus y byddai'n ennill. Mewn brwydr ffyrnig cafodd Eubank ei hun ar ei gefn yn y rownd agoriadol a pharhaodd Calzaghe i ymladd am 12 rownd, gan orchfygu ac ennill. Nid yw erioed wedi colli na dod yn gyfartal.

RICHARD JOHN OWENS was the fourth child of a family of eight children from Merthyr Tydfil. His appearance and character were in total contrast to what he would become once he stepped inside the boxing ring – he had strength and determination which would seem impossible for such a frail looking frame. His skeletal appearance led to him being called The Matchstick Man.

Before the fateful challenge for Lupe Pintor's World Bantamweight title, Johnny Owen had secured the Lonsdale Belt outright and was the holder of the Welsh, British, which he won after just nine professional fights, Commonwealth and European titles with a record of 25 wins, one loss and one draw. But the Pintor fight was to sound his death knell.

It had been 22 long years since Dick Owens last set eyes on Lupe Pintor, the boxer whose blow fatally injured his son Johnny in that Los Angeles ring in 1980. *Johnny Owen: The Long Journey* told of Dick's voyage of forgiveness, to an emotional meeting with Pintor in Mexico City. Then Pintor travelled the 6,000 miles back to Merthyr Tydfil in November 2002 to unveil a statue to the man whose life he tragically ended.

Picture courtesy of johnnyowen.com

GANED Richard John Owens ym Merthyr Tudful yn bedwerydd plentyn o wyth o blant. Roedd yn eiddil ei wedd, ac o'r herwydd fe'i galwyd yn 'Matchstick Man'. Ond roedd ei edrychiad a'i gymeriad yn trawsnewid yr eiliad y camai i'r cylch bocsio – roedd yn berchen ar gryfder a phenderfyniad oedd yn annisgwyl mewn un mor eiddil yr olwg.

Cyn yr her enwog am deitl Pwysau Bantam Lupe Pintor, roedd Johnny Owen wedi sicrhau Belt Lonsdale ac yn dal teitl Cymru, Prydain – a enillodd ar ôl 9 gornest broffesiynol yn unig – y Gymanwlad ac Ewrop, gyda record o 25 buddugoliaeth ac un ornest gyfartal.

Roedd hi'n ddwy flynedd ar hugain faith ers i Dick Owens weld Lupe Pintor, a daflodd yr ergyd farwol a niweidiodd ei fab Johnny yn y cylch bocsio yn Los Angeles yn 1980. Adroddodd *Johnny Owen: The Long Journey* hanes taith Dick at faddeuant a'r cyfarfod teimladwy gyda Pintor yn Ninas Mecsico. Teithiodd Pintor y 6,000 o filltiroedd nôl i Ferthyr Tudful ym mis Tachwedd 2002 i ddadorchuddio cerflun o'r gŵr y bu iddo achosi ei farwolaeth drist.

Glamorgan v Australia, August 1964. The 1960s were a golden era for Glamorgan: in 1961, Jim Presdee became the first ever Glamorgan batsman to score a century against the Australians, while in 1964 they defeated the Australians by 36 runs. They repeated the trick again in 1968, winning by 79 runs. A few weeks later, the match between Glamorgan and Nottinghamshire at Swansea entered the history books when Gary Sobers became the first ever player to hit six sixes in an over giving Malcolm Nash a place in those books he would rather not have.

Morgannwg v Awstralia, Awst 1964. Roedd y 1960au yn oes aur i Forgannwg: yn 1961, Jim Presdee oedd y batiwr cyntaf o Forgannwg i sgorio cant o rediadau yn erbyn yr Awstraliaid; yn 1964 hefyd fe drechwyd Awstralia o 36 rhediad. Yn 1968 eto, enillodd Morgannwg o 79 rhediad. Ychydig wythnosau'n ddiweddarach, bu gêm hanesyddol rhwng Morgannwg a Nottingham pan darodd Gary Sobers chwe chwech mewn un belawd gan anfarwoli Malcolm Nash mewn dull y byddai'n well gan hwnnw ei anghofio.

The world comes to Wales

Y byd yn dod i Gymru

THE broadcasting of the British Empire and Commonwealth Games which were held in Wales in 1958 entailed the creation, by the BBC, of a television and sound broadcasting centre on the banks of the Taff, near the Cardiff Arms Park stadium (above). Hundreds of broadcasts were transmitted to the world in a round the clock schedule.

The Empire Pool (below) was built specially for the Games, and cameras were on hand to record every race.

DARLLEDWYD Gêmau'r Ymerodraeth a'r Gymanwlad a gynhaliwyd yng Nghymru yn 1958 gan y BBC – ymrwymiad a welodd adeilad newydd yn codi ar lannau'r Taf yng Nghaerdydd, yn agos iawn at Barc yr Arfau (uchod). Dyma'r ganolfan deledu a radio, ac fe ddarlledwyd cannoedd o raglenni oddi yma i bob cwr o'r byd, bob awr o'r dydd.

Adeiladwyd Pwll yr Ymerodraeth (isod) hefyd ar gyfer y gêmau, gyda digon o le i gamerâu ddilyn pob ras.

Gwŷr yr Aur

PAN enillodd Lynn Davies, (chwith) ei fedal aur gyntaf yn Tokyo yn 1964 roedd hi'n ganol nos yng Nghymru, a neb yn gwybod y canlyniad. Fe benderfynodd BBC Cymru gynhyrchu rhaglen arbennig yn gyflym ar y pencampwr o Nant-y-moel i'w dangos y noson ganlynol. Daeth rhieni a ffrindiau Davies i'r stiwdio, ac fe ddangoswyd tipyn o ffilm amatur ohono'n neidio yn y Gêmau Cymreig. Yn Tokyo, gwnaeth Alun Williams gyfweliad gyda Davies – a dyna sut y daeth 'Lynn the Leap' i ymwybyddiaeth y Cymry ac i dudalennau'r llyfrau hanes.

Mae medal aur Davies yn parhau i fod yn un o dair a enillwyd gan gystadleuwyr naid hir o Brydain, ac mae ei 8.23m yn dal i fod yn record Prydeinig.

'Roedd derbyn lluniau teledu yn bwysig i ddenu diddordeb mewn chwaraeon,' meddai'r cynhyrchydd Dewi Griffiths. 'Roedd yn rhaid i ni ddysgu sut i gyd-lynu'r lluniau dramor gyda chysylltiadau lloeren. Ond synnwyr cyffredin yw popeth – y cwbl sydd ei angen yw gwneud yn siŵr bod y darnau'n disgyn i'w lle."

Heddiw mae gwrandawyr a gwylwyr yn disgwyl gweld a chlywed digwyddiad o'r fath yn fyw, heb boeni ble mae'n digwydd na phryd, ddydd neu'r nos. Erbyn i'r rhedwr dros y clwydi, Colin Jackson, (isod) ddechrau torri sawl record yn y 1980au a'r 1990au (mae ganddo ddwy record byd o hyd) roedd camerâu teledu wrth law i recordio pob symudiad.

Golden boys

WHEN Lynn Davies (above) won his first Olympic gold medal in Tokyo in 1964 in the middle of the night it was decided to run a programme on the Nantymoel champion the very next night. Davies's parents were contacted and brought to the studio together with school friends and they got hold of some amateur film of him jumping in the Welsh Games. Alun Williams, in Tokyo, interviewed Davies and thus Lynn the Leap leaped into the Welsh consciousness and history. At the time it was the fastest turnaround from news event to complete programme that had been made: something that the radio and television producers of today are well used to doing.

Davies's gold remains one of only three Olympic medals won by British long jumpers and his 8.23m is still a British record.

'The acceptance of television coverage helped to attract sport to the nation,' said Dewi Griffiths. 'We also had to learn how to co-ordinate coverage abroad with satellite links. It's all logic – you just make all the bricks fit together.'

Today viewers and listeners expect to hear and see a sporting event live, regardless of where it is taking place or what time of the day or night. By the time Colin Jackson, (right) was breaking records in the 80s and 90s (he is the holder of two world records – indoor 60m and outdoor 110m) television was at hand to record every moment.

Picture courtesy of Western Mail & Echo

Top of their classes

THE highlight of the sporting year in BBC Wales is the prestigious Sports Personality of the Year Awards ceremony.

'It's an opportunity to celebrate the achievements of our elite sports performers who enrich the lives of Welsh sports fans,' said Nigel Walker, BBC Wales Head of Sport, and himself an award-winning sportsman – he gained 30 international athletics vests for Great Britain as a hurdler, including the Los Angeles Olympics in 1984; and was capped 17 times for Wales as a rugby winger. 'Where sport is invoved, any selection of one person over another is contentious. We try to represent all those who have achieved in the past 12 months, to acknowledge the effect and achievements of those involved in raising the profile of Welsh sport both at home and abroad.'

It's easy to think that Wales as a small nation may not have very many champions in her midst, but the awards ceremony is a chance to look at more than just the usual rugby, soccer, cricket and athletics – sports which attract the bigger audiences – and see just how our golfers and boxers, snooker players and cyclists are reaching the top of their sport.

BBC Wales is present at all the major Welsh sporting events, bringing the action live via television, radio and on-line.

'This tri-media approach, unique to the BBC, is one of the reasons why I think that our sports coverage is second to none in Wales. Our challenge now is to broaden the portfolio of sports and events that are able to take advantage of these services in future,' says Walker.

LEFT: Rugby legend Neil Jenkins and hurdler Colin Jackson were the winners in 1999.
BELOW: Wheelchair athlete Tanni Grey-Thompson celebrates her win with snooker player Mark Williams and Olympic yachtsman Ian Barker in 2000.
RIGHT: Reflecting the current success of the Wales football squad, the 2002 winner was manager Mark Hughes.

CHWITH: Enillwyr 1999 oedd y chwaraewr rygbi chwedlonol Neil Jenkins a'r rhedwr dros y clwydi Colin Jackson.
ISOD: Yr athletwraig Tanni Grey-Thompson yn dathlu ei buddugoliaeth gyda'r chwaraewr snwcer Mark Williams a'r hwyliwr Olympaidd Ian Barker yn 2000.
DDE: I adlewyrchu llwyddiant presennol tîm pêl-droed Cymru, rheolwr y tîm, Marc Hughes, oedd enillydd 2002.

UCHAFBWYNT blwyddyn chwaraeon BBC Cymru yw seremoni ddylanwadol Personoliaeth Chwaraeon y Flwyddyn BBC Cymru.

'Dyma gyfle i ddathlu'r hyn mae ein chwaraewyr wedi'i gyflawni dros y flwyddyn, pobl sydd wedi cyfoethogi ein bywydau,' meddai Nigel Walker, Pennaeth Chwaraeon BBC Cymru, sydd wedi ennill gwobrau ei hunan – fe gynrychiolodd y Deyrnas Unedig 30 o weithiau am redeg dros y clwydi, gan gynnwys rhedeg yn y Gêmau Olympaidd yn Los Angeles yn 1984, a 17 cap am chwarae rygbi dros Gymru. 'Ym myd chwaraeon, gall dewis un person dros un arall fod yn destun cynnen,' meddai. 'Rydyn ni'n ceisio cynrychioli pawb sy' wedi gwneud yn dda dros y 12 mis, a chydnabod yr effaith gawson nhw wrth godi proffil chwaraeon yma yng Nghymru a thramor.'

Mae'n hawdd meddwl nad oes gan wlad fach fel Cymru lawer o bencampwyr, ond mae'r seremoni hon yn rhoi cyfle i edrych ar lawer mwy na'r chwaraeon poblogaidd fel rygbi, pêl-droed, criced ac athletau er mwyn gweld sut mae bocswyr, beicwyr a chwaraewyr snwcer a golff yn llwyddo i gyrraedd y brig.

Bydd camera teledu, meicroffon radio neu ohebydd ar-lein yn bresennol ym mhob digwyddiad chwaraeon o bwys yng Nghymru, gan ddod â gem neu ras yn fyw i bobl adref.

'Y dull tri-chyfrwng hwn, sy'n unigryw i'r BBC, yw un o'r rhesymau pam mae ein gohebu chwaraeon yn arbennig yng Nghymru,' meddai Walker. 'Yr her nawr yw lledu'r portffolio chwaraeon a digwyddiadau a fydd yn gallu manteisio ar y gwasanaethau hyn yn y dyfodol.'

BBC Wales Sports Personality of the Year Personoliaeth Chwaraeon y Flwyddyn BBC Cymru.

WINNERS / ENILLWYR

1954	Ken Jones
1955	John Disley
1956	Joe Erskine
1957	Dai Rees
1958	Howard Winstone
1959	Grahame Moore
1960	Brian Curtis
1961	Bryn Meredith
1962	Ivor Allchurch
1963	Howard Winstone
1964	Lynn Davies
1965	Clive Rowlands
1966	Lynn Davies
1967	Howard Winstone
1968	Martyn Woodroffe
1969	Glamorgan Cricket team
1970	David Broome
1971	John Dawes / Wales / Lions
1972	Richard Meade
1973	Berwyn Price
1974	Gareth Edwards
1975	Arfon Griffiths
1976	Mervyn Davies / Wales team
1977	Phil Bennett
1978	Johnny Owen
1979	Terry Griffiths
1980	Duncan Evans
1981	John Toshack
1982	Steve Barry
1983	Colin Barry
1984	Ian Rush
1985	Steve Jones
1986	Kirsty Wade
1987	Ian Woosnam
1988	Colin Jackson
1989	Stephen Dodd
1990	Ian Woosnam
1991	Ian Woosnam
1992	Tanni Grey
1993	Colin Jackson
1994	Steve Robinson
1995	Neville Southall
1996	Ryan Giggs
1997	Scott Gibbs
1998	Iwan Thomas
1999	Colin Jackson
2000	Tanni Grey-Thompson
2001	Joe Calzaghe
2002	Mark Hughes

THE launch of BBC Wales's on-line services at the turn of the millennium was a sign how far things had travelled since those pioneering days in 1923.

In 1999, the on-line news service for Wales went live, followed on St David's Day 2000 by the launch of *Cymru'r Byd*, a comprehensive internet service in the Welsh language. Like its English-language counterpart, it provides news and features updated every single day of the year. It was dubbed 'the first ever Welsh-language daily newspaper'.

Since then, the services have gone from strength to strength, with initiatives such as the extensive *Where I Live* sites, and the innovative *Lleisiau Lleol* partnership with the *papurau bro* (the Welsh-language community newspapers) on *Cymru'r Byd*. The service also featured Wales's first-ever virtual newsreaders, Gwennan (right), Gwern and Gwenno.

The *Digital Stories* project has also been a groundbreaking scheme in which people across Wales have taken part in special sessions that have resulted in their own stories going on-line for the world to see. BBC Wales has also opened studios across Wales, including the first mobile studio for mid Wales, located on a specially adapted bus.

With the revolution in digital technology, BBC Wales output in both languages can now be seen and heard around the world, on satellite, digital television and on the internet.

It's a far cry from the revolving microphone in 19, Castle Street, but the mission of presenting Wales to the people of Wales, and to people in the world as a whole, goes on.

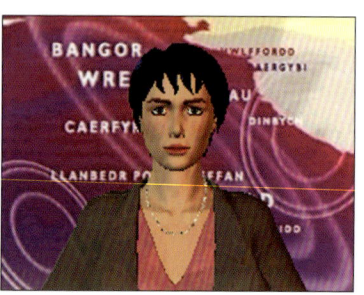

ROEDD lansiad gwasanaethau ar-lein BBC Cymru ar droad y mileniwm yn arwydd o ba mor bell y daeth pethau ers y dyddiau arloesol yn 1923.

Yn 1999, dechreuwyd gwasanaeth newyddion ar-lein i Gymru, a dilynwyd hynny gan lansiad *Cymru'r Byd* ar Ddydd Gŵyl Dewi, 2000, gwasanaeth cynhwysfawr yn yr iaith Gymraeg. Fel ei bartner Saesneg, mae'n cynnig newyddion ac erthyglau sy'n newid bob dydd o'r flwyddyn – y 'papur newydd dyddiol Cymraeg cyntaf erioed'.

Ers hynny, mae'r gwasanaethau ar-lein wedi mynd o nerth i nerth, gan gynnwys mentrau newydd fel y safleoedd *Where I Live*, a'r arloesol *Lleisiau Lleol*, sy'n gweithredu mewn partneriaeth â phapurau bro ar *Cymru'r Byd*. Mae'r gwasanaeth hefyd yn cynnwys darllenwyr newyddion rhithwir cyntaf Cymru, sef Gwennan (chwith), Gwern a Gwenno.

Mae'r cynllun *Straeon Digidol* hefyd wedi denu pobl o bob rhan o Gymru i weithdai arbennig i greu eu straeon personol eu hunain sy'n cael eu dangos ar-lein er mwyn i bawb gael eu mwynhau.

Fe agorwyd stiwdios cymunedol mewn amryw o safleoedd yng Nghymru hefyd, gan gynnwys Bws BBC – y stiwdio symudol gyntaf, sydd wedi'i addasu'n arbennig ar gyfer canolbarth Cymru.

Gyda'r chwyldro mewn technoleg ddigidol, mae cynnyrch BBC Cymru yn y ddwy iaith yn cael ei glywed ar draws y byd ar y we, ar deledu digidol a thrwy dechnoleg lloeren.

Rydym wedi dod yn bell o'r meicroffon yn troi yn 19, Stryd y Castell, ond mae'r nod o gyflwyno Cymru i bobl Cymru ac i bobl ledled y byd, yn parhau.

On the CD you will see and hear the following:	Ar y CD fe gewch weld a chlywed y canlynol:

ENGLISH AUDIO / SAIN SAESNEG

1. 5WA calling

2. ITMA in Bangor

3. Raid over Berlin

4. Aberfan disaster

5. Paul Robeson

6. Tommy Farr faces legendary boxer Joe Louis

7. Welsh Rarebit

8. Aneurin Bevan

9. Gresford Colliery disaster

SAIN CYMRAEG / WELSH AUDIO

1. David Lloyd George 1939

2. Ifaciwis yng Nghymru

3. Eisteddfod Cairo 1943

4. Charles Evans ac Everest 1953

5. Penyberth – Lewis Valentine 1936

5. Gêmau Olympaidd Munich 1972

7. Rachel Thomas

8. Helô Bobol 1977

9. Cymru yn erbyn Yr Eidal 2002

ENGLISH VISUAL / SAESNEG GWELEDOL

1. Sir Geraint Evans

2. Kyffin Williams

3. Aberfan disaster

4. Silent Village

5. Victor Parker

6. Stanley Baker

CYMRAEG GWELEDOL / WELSH VISUAL

1. Radio yng Nghymru (dechrau darlledu yn 1923)

2. Kate Roberts

3. Carwyn James

4. Bryn Terfel (yn sgwrsio â Hywel Gwynfryn)

5. Tryweryn

6. Plant y Paith / Patagonia